定型業務を効率化する

実践 **RPA** ガイドブック

芳野剛史【著】
YOSHINO, Tsuyoshi

Robotic
Process
Automation

中央経済社

本書をRPA導入にどう活用するか？

　RPAが注目され始めたのは2016年後半ごろからで，当時大手コンサルティングファームに所属していた筆者も大手企業に対してRPA関連のプロジェクトを数多く手がけるようになった。その後，独立してコンサルティング事業を始めてから現在に至るまで，中小企業を中心にRPAによる業務の効率化を数多く実施してきた。クライアント企業へ改善案を提示するだけでなく，実際にRPAの設計や開発も自身で行ってきた。

　本書は，筆者がRPAブームの初期からRPAに携わってきた経験をもとに，その「集大成」としてRPAによる業務効率化のノウハウを１冊にまとめたものである。単にRPAの概要を説明したものではなく，またRPAの技術的な学習書でもない。「RPAによる業務効率化」という目的を実現するために必要な全工程を体系的に整理したものだ。具体的には，RPA導入の意思決定，業務改善案の策定，RPAの構築，運用保守，継続的改善などについて，その論点とポイントを詳しく解説している。また導入プロジェクトの進め方については，大企業と中小企業の双方における経験をベースに，全社をあげた大規模プロジェクトによる推進と，「できるところからやってみる」といったスモールスタートによる推進について，その違いや注意点を説明している。

　本書は，RPAの導入を迷っている方に，ぜひ読んでいただきたい。また，RPAの初期導入が終了し，これから本格的に展開しようとしている方々にも頭を整理する意味でひととおり理解いただきたいと考えている。ある程度の経験がある方には，より示唆に富んだ内容になっているはずだ。

　第１章はRPAの基本を説明している。すでにRPAを理解している方は読み飛ばしても構わないが，「RPAの特徴」については押さえておくことをお勧めする。

　第２章は基本的なRPAの適用パターンを４つに分けて解説している。本書の最も重要な部分だ。世の中にはRPAの事例が山のようにあり，それがゆえにRPAの理解を難しくしている面がある。しかし，よく整理してみるとRPAの活用方法は基本的に４つしかない。この基本機能をしっかり理解することが，

その後に業務改善案を検討する上で近道となる。

　第3章は業務効率化のポイントを整理しており，特に「改善案検討における7つのセオリー」は業務改善を考える上での「視点」を提供している。RPA導入プロジェクトに関わるメンバーは「共通認識」として理解しておくと役に立つだろう。

　第4章は業務効率化プロジェクトの「進め方」を詳述している。プロジェクト計画を作る際の「テンプレート」として活用いただきたい。

　RPA導入では「失敗」するケースも残念ながら存在する。これには，うまくいかない「共通項」があるため，第5章ではプロジェクトが失敗する典型的な「要因と対応策」を「プロジェクトを成功に導く8つのポイント」としてまとめている。

　第6章は，RPA導入後の「運用体制の構築と継続的改善」について説明している。導入後のことは事前にあまり検討されないことも多いが，RPAの場合は従来のシステム導入とは異なり，導入フェーズと運用フェーズが明確に分かれないため，事前によく検討すべき事項が多い。本章を読むと，やるべきことが多いことに驚くかもしれない。

　最後の第7章は「RPA活用例集」として36種類のRPAの活用方法を紹介している。できるだけ多くの企業に参考としてもらうため，特定業界に偏らない普遍性のある活用例を集めた。世の中にある一般的な活用方法の多くは網羅できていると思われる。

　本書の執筆にあたっては多くのクライアントおよび業界関係者にサポートをいただいた。また，中央経済社の長田烈氏には執筆，編集にあたり大変お世話になった。ここで改めて感謝を申し上げたい。

　2022年4月

芳 野 剛 史

Contents

II

第5章　プロジェクトを成功に導く8つのポイント ⋯⋯ 131

VIII

■ 第1章

RPAによる
業務の効率化

1．デジタル化が進まない日本企業の課題

　昨今DXという言葉がよく聞かれるようになった。DX（デジタルトランス
フォーメーション）とは，デジタル技術を用いてビジネスのやり方を変革する
ことを指す。しかし紙ベースのアナログ的な仕事があまりにも多いことから，
もっぱら紙カルチャーからの脱却をDXと呼んで進めている企業も多い。

　新型コロナウィルスの影響でリモートワークに乗り出した企業もある。しか
し，契約書に社印を押す必要があったり，納品書や請求書が紙であったりする
ことから，結局リモートワークができないという事象が多発した。社内の承認
くらいであれば押印を廃止し，ワークフローなどの電子承認に切り替えること
も可能であろうが，契約書や請求書は相手があることのため，一企業で対応す
ることが結構難しい。つまりアナログを前提としたビジネスルールが社会全体
としてできあがっているため，急に政府や自治体がリモートワークを推進した
ところで，多くの企業は身動きがとれないのだ。そもそもデジタル化が一番遅
れているのが政府機関や自治体なので，「あなた達だけには言われたくない」
と思った人も多いであろう。

（1）日本のデジタル競争力

　日本はデジタル化が遅れていると言われるが，どれくらい遅れているのだろうか。各国のデジタル競争力を示すデータに，スイスのビジネススクールIMDの世界競争力センター（IMD World Competitiveness Center）が毎年公表している「世界デジタル競争力ランキング」というものがある。**図表1－1**は2021年版であるが，日本は64カ国中28位であった。前年よりランキングを1つ落としている。また12位の韓国，15位の中国と比べても，日本はかなり遅れをとっていることがうかがえる。

　日本のランキングの前後を見ると，27位にマレーシア，29位にカタール，30位にリトアニアときているように，あまり先進的な群には属していないことが

図表1－1	IMD世界デジタル競争力ランキング2021	
2021年ランキング	国名	前年ランキング
1	米国	1
2	香港	5
3	スウェーデン	4
4	デンマーク	3
5	シンガポール	2
6	スイス	6
7	オランダ	7
8	台湾	11
9	ノルウェー	9
10	UAE	14
12	韓国	8
15	中国	16
27	マレーシア	26
28	日本	27
29	カタール	30
30	リトアニア	29

出典：IMD World Digital Competitiveness Ranking 2021

わかる。

（2）デジタル化は必要なのか

　そもそもデジタル化は本当に必要なのだろうか。デジタル化が遅れているということは，デジタル技術を活用できないことを意味する。本書のRPAも業務の生産性を飛躍的に高める強力なツールだが，これもデジタルデータを前提としているため，デジタル化されていない業務には使えない。

　世の中ではAIやブロックチェーンなどの新しい技術やツールがどんどん出てきているが，デジタル化されていない企業ではその恩恵にあずかれない。つまりデジタル化は，もはやビジネスを継続するための前提条件となりつつある。逆に言えば，自社のデジタル化が進むと，世の中のさまざまなデジタル技術にアクセスできる状態になり，まさに本当の意味でDXに取り組むことができるようになる。

（3）デジタル化が進まない要因

　日本の企業文化として今でも美徳とされるのが「勤勉」である。一生懸命に働くことは美徳であり，一昔前までは夜遅くまで頑張ることは良いことであった。今では「働き方改革」や「ワーク・アンド・ライフバランス」などのスローガンによって，残業は悪いことのようになってきたが，それでも上司より先に帰ることにはまだまだ抵抗があるだろうし，男性の育児休暇なども気持ちよく取れるわけではない。仕事の「質」より，「量」が重んじられる文化が根強く残っている。

　従業員は仕事の生産性を高めたいと思うだろうか。たとえば，ある従業員が業務改善に着手し，一日かかる仕事を半日に短縮できたとしよう。その場合，この従業員は嬉しいだろうか。もし半日にできたので半日で帰宅していいのであれば嬉しいだろう。しかし実際は，空いた半日に別の仕事をやらされるだけだ。結局，仕事量は変わらず，本人には何のメリットもない。

　つまり仕事の「量」が重んじられる文化では，効率化のインセンティブがわきづらいのだ。だから仕事の「質」を重視するカルチャーが求められる。たくさん働いたから偉いという文化ではなく，スマートに働き，質の高い仕事をす

ることを重んじる文化が必要になってくる。DXとは，このような企業文化の変革も含まれる。従来のように，勤勉に働く人が素晴らしいというカルチャーを持ち続けていると，業務効率化など必然的に進まない。

イギリスの経済学者ケインズは1930年に，「生産性は上がり続け，100年後には人々の労働時間は週15時間になるだろう」と予測した。確かに現在，実質消費は1930年当時の6倍以上になり，生産性は飛躍的に上がった。しかし労働時間が週15時間になりそうな気配はない。

日本では1947年に週48時間体制（週休1日制）が労働基準法に規定され，その約40年後の1988年に週40時間体制，つまり週休2日制が規定された。40年かけて8時間の短縮であるが，徐々に労働時間は短くなってきている。そして現在では週休3日制という議論も出てきている。

ケインズの言う週15時間になるまで後何年かかるかわからないが，昨今のDXを通じて，日本でも量より質の文化が少しでも進み，人々が生産性向上の恩恵を得られることが期待される。

2. なぜ今，RPAが注目されているのか

日本でRPAが注目され始めたのは2016年後半ごろからで，当時大手コンサルティングファームに所属していた筆者もRPA関連のプロジェクトを数多く手がけることになった。

そして2017年は大手企業を中心に，さまざまなRPAの試験導入が進み，新聞や雑誌で数多くの適用事例や成果が報告された。現在では大手企業の大半が何らかの形でRPA導入しており，中小企業でもRPA導入が広がりつつある。それではなぜRPAはこれほど注目されているのだろうか。

（1）RPAとは

RPAとはRobotic Process Automationの略で，パソコンで行うデスクワークをロボットが人間に代わって行うソフトウェアのことだ。ソフトウェアにもか

かわらず，なぜ「ロボット」と呼ばれているのかというと，人間と同じ動きをすることによって作業を代替しているからだ。パソコンで文字を入力したり，マウスでダブルクリックをしたり，あたかもパソコンの前にロボットが座っているかのような動作をする。

　RPAに代替できる業務とは「パソコンで行う定形業務」である。企業には数多くの定形業務が存在し，たとえば注文内容を販売システムに入力したり，出荷情報を在庫管理システムに入力したりする。もし一定のルールにもとづく定形業務であれば，ロボットに動作を覚えさせることによって人間と同じ作業を代行してくれる。

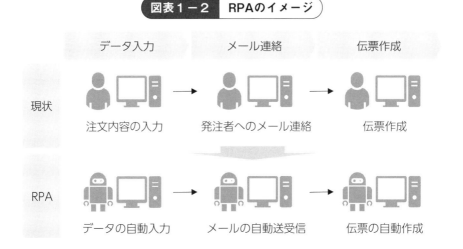

図表1－2　RPAのイメージ

（2）ロボットが必要とされる背景

　日本でRPAが注目される背景には，①労働力人口の減少，②生産性の低さの2つがある。

①　労働力人口の減少

　日本は少子高齢化によって労働力人口が減少しており，この傾向は長期にわたって継続すると予想されている。**図表1－3**は日本の労働力人口の予測だが，

毎年60万人近くの労働力が失われていくとみられている。この労働力の不足分を補う代替手段として期待されているのがRPAだ。RPAは別名「デジタルレイバー」と呼ばれており，デジタルではあるものの立派な従業員の一員としての活躍が期待されている。

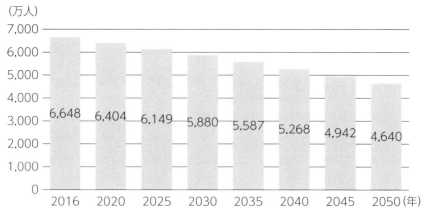

図表1－3　労働力人口の予測

（万人）

※2016年は実績。2020年以降は予測。
出典：みずほ総合研究所，みずほインサイト（2017年5月）

② 労働生産性の低さ

　労働生産性の低さも日本の課題の1つだ。図表1－4は主要先進7カ国の労働生産性を示したグラフだが，日本は最も労働生産性が低いことがわかる。OECD加盟37カ国で比較しても，日本は26位に位置し，1970年以降最も低くなっている。

　逆に言えば，日本は生産性を高められる余地が多分にあることを意味している。つまり生産性が非常に高ければ，乾いたぞうきんのようにこれ以上の改善は困難かもしれないが，これだけ国際比較で生産性が低いのであれば，いくらでも改善の余地が残されているはずだ。日本人が外国人に比べて能力が著しく低いわけではないし，作業スピードが著しく遅いわけでもない。ただ，やり方が悪いだけだ。デジタル化が遅れているという世界デジタル競争力ランキング

| 図表1－4 | 主要先進7カ国の労働生産性（2019年就業者1人当たり）|

出典：公益財団法人日本生産性本部「労働生産性の国際比較2020」をもとに筆者が作成

のデータを見ても，やるべきことがたくさんあることがわかる。

　もしロボットに仕事の半分でも任せることができるならば，1人当たりの生産性は当然2倍になる。G7の中でトップに躍り出ることも夢ではない。しかし現実にはそうはならない。なぜならば，他国もRPAをどんどん導入しているからだ。むしろ日本がRPA導入に遅れた場合，他国との差はさらに開いてしまうであろう。

（3）RPAが選ばれる理由

　労働力人口の減少や生産性の低さは社会的背景として労働生産性の改善ニーズを生み出しているが，労働生産性を向上させる手段はRPA以外にも数多くあり，必ずしもRPAが注目される直接的な理由とは言えない。数ある改善手段の中で特にRPAが選ばれる理由には，主に①自動化コストの低さ，②一般ユーザーによる開発の2つがあげられる。

①　自動化コストの低さ

　まずRPAによる自動化のコストが，従来のシステム開発に比べて大幅に低いことがあげられる。たとえば注文情報を販売システムに入力する場合，通常は従業員が手作業でデータを入力する。仮に注文情報がExcelなどのデータで存在したとしても，そのデータを販売システムへ自動的に入力する方法はない。

Excelと販売システムが別々のメーカーであるため，両者に互換性がないからだ。もしどうしても自動化したいとなるとシステム開発が必要となり，数百万円から数千万円ものコストがかかってしまう。したがって従業員が手作業で入力したほうが合理的となる。

　しかしRPAはシステム開発に比べて圧倒的にコストが低い。RPA製品の価格は，無料のものから1千万円以上するものまで非常に幅広いが，世界的にシェアの高い主要ツールで見ると，ロボット1体の年間ライセンス料は50万円〜150万円くらいである。

　RPAは人間の動作をそのままパソコンで実行するため，互換性のないシステムであってもパソコン画面を使ってデータを処理してくれる。従来のようなシステム開発をせずに，安く自動化ができるようになった。つまり業務の自動化に対するコストの敷居がぐっと下がったのだ。1体のロボットで数多くの業務を自動化できるので，1つの自動化にかかるコストは非常に低い。

　企業がRPAを導入するということは，「ロボット君」という従業員を1人雇うことと考えたらよい。仮にロボットの年間ライセンス料を100万円とした場合，年収100万円の従業員を雇うことと同じである。年収100万円で働いてくれる人など世の中にいないので，非常に安いことがわかる。

　さらにロボットは人間の5倍は働く。なぜならば1日24時間，365日働くからだ。人間と同じことをやらせても5倍の時間を働いてくれる。もし5人分働く社員を年収100万円で雇うことができれば，どんな会社でも効率化するのではなかろうか。

　ただし本当に効果があるかどうかは，自社にRPAで代替できる業務がどれだけあるかに依存する。もしRPAが活躍できる業務が2人分でも3人分でも存在すれば，RPA導入の効果は確実にある。しかし対象業務がほとんどなければ効果はない。これは実際に業務を調べてみないとわからない。

　もし会社の規模が大きく，多くの人が定形業務を行っている状況であれば，調べるまでもなく投資対効果は出るであろう。しかし会社の規模が小さい，あるいは導入対象の組織が小さい場合は，RPAの費用を上回る効果が出るかどうか調査が必要だ。投資対効果の算出方法については後述するが，いずれにしてもRPAの圧倒的なコストパフォーマンスがRPAの注目される主要因となっ

ている。

②　一般ユーザーによる開発

　もう1つ重要なRPAの特徴は，一般ユーザーがロボットを自分で開発できる点である。これを「ノンプログラミング」と言い，自動化するためにプログラムを書く必要がないことを意味する。自動化ツールの1つにExcelの「マクロ」がある。しかし多くの場合，VBAという言語でプログラムを書く必要があり，プログラミング知識のない人にはハードルがかなり高い。しかしRPAはノンプログラミングのため，プログラミング経験がない人でも比較的簡単に開発することができる。

　もちろんRPAの学習はしなければいけない。しかしRPA自体がエンジニア向けではなく，一般ユーザー向けに作られているため，ある程度学習をすればロボットを作れるようになる。多くのベンダーがトレーニングやマニュアルなどを提供しているので，学習したければトレーニングコースなどを受講すればよい。

　一般ユーザーが自分でロボットを開発できることには大きなメリットがある。業務を一番わかっているユーザーが，自分の仕事を自分で改善できるからだ。従来のシステム開発では，プログラム開発を外部のシステムベンダーに委託するため，システムを変更したり，改善したりしようとすると，かなりの時間とコストがかかってしまう。したがって，よほどのことがない限り，システムの修正は行われない。ユーザーは不便があっても我慢して使い続けることになる。

　システムというものは完成した瞬間から陳腐化する。ビジネスは常に変化するため，システムが合わなくなってくるからだ。ところが一度システムが完成すると，少なくとも5年くらいはそのまま使い続けなければならない。

　しかし自分でロボットを開発したり，修正したりできるようになればどうであろう。ちょっとした改善でもその日のうちに対応できる。費用もかからない。仕事を一番わかっている自分自身が業務を改善するので，その効果はてきめんであろう。

　最初からシステム化の対象から外れている業務もある。たとえば業績管理の資料作りなどは，組織が変わったり，商品カテゴリーが変わったり，管理項目

が変わったりするため，そのたびに資料のレイアウトに変更が発生する。このような変更の多い業務はシステム化に不向きのため，手作業のままにされるケースが多い。しかしRPAであれば対応できる。

　そもそもシステムは変化に弱い。固定的な作業，繰り返し業務に対してシステムは非常に強いが，変化が多い業務，繰り返しの少ない業務には弱い。その弱みを克服するツールがRPAである。変化が多くても自分で修正でき，繰り返しの少ない業務でもRPAのコストならばペイするからだ。

（4）RPAの将来性

　RPAは今後ますます広まるとみられている。大手企業の大半がRPAを導入していると説明したが，これは導入が完了したわけではない。まだまだ導入の初期段階であり，今後も導入範囲が広がっていくと予想されている。

① RPAの導入状況

　ICT市場調査コンサルティングのMM総研の調査によると，2021年1月の時点で年商50億円以上の企業の37%がRPA導入済であった（**図表1－5**）。

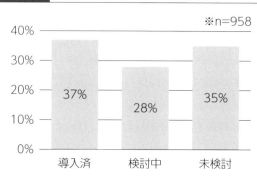

図表1－5 **RPAの導入状況（年商50億円以上の企業）**

出典：MM総研（2021年）をもとに筆者が作成

　導入済というのはRPAが何らかの業務に導入されている状態を示しており，おそらく多くは導入の初期段階と思われる。また検討中の企業も28%となって

いることから，今後も導入が進展するものと推察される。

　図表1－6は「年商50億円未満」の企業による調査結果である。「導入済」の割合を見ると，年商50億円以上の企業が37%であるのに対し，年商50億円未満の企業では10%と低くなっている。規模が小さい企業では，RPAの費用を上回るメリットが出ないこともあるため，大企業より導入率が低くなるのは当然であろう。それでも「検討中」の企業が25%あることから，今後導入が進むと予想される。

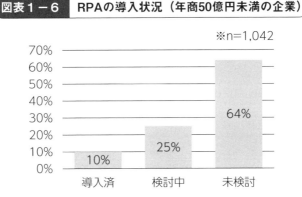

図表1－6　RPAの導入状況（年商50億円未満の企業）

※n=1,042

出典：MM総研（2021年）をもとに筆者が作成

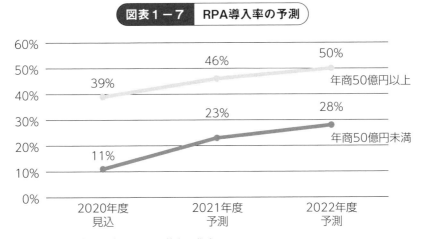

図表1－7　RPA導入率の予測

出典：MM総研（2021年）をもとに筆者が作成

　図表1－7はRPA導入の将来予測である。年商50億円以上，50億円未満の両カテゴリーともに，導入率が徐々に上昇すると予想されている。特に年商50億円未満の企業は，この2年で導入率が3倍近くになると予想されており，中小企業のRPA導入が本格化する様相だ。

②　RPAの市場規模推移と予測

　図表1－8はRPA市場規模の推移と予測である。金額はRPAツール製品とRPA関連サービスの合計で，RPAの導入支援や運用保守サービスなどが含まれている。

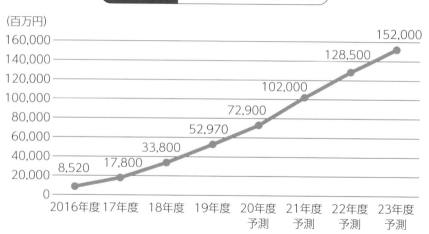

図表1－8　RPA市場規模推移・予測

※金額はRPAツール製品とRPA関連サービスの合計
出典：矢野経済研究所「2021 RPA市場の実態と展望」（2020年）をもとに筆者が作成

　RPAが注目され始めた2016年を起点として，ほぼ直線的に市場規模が拡大しているが，今後も市場は順調に拡大すると予想されている。市場規模が拡大傾向にあるということは，多くの企業がさまざまな業務にRPAを積極的に活用することを意味するため，RPAを導入する企業と導入しない企業との間で「生産性格差」が広がると予想される。

③　1人1体のロボット

　ほんの十数年前，まだパソコンがそれほど普及していなかった頃，「1人1台のパソコン」が目標であった。今では1人1台のパソコンなど当たり前になっているが，RPAにおいても「1人1体のロボット」という時代が来るかもしれない。エグゼクティブに秘書がいるように，あなたにも仕事を24時間サポートしてくれるロボットがいる。単純な仕事は全部ロボットに任せ，あなたはロボットにはできない仕事だけをやればいい。

　ロボットを「新入社員」と考えてみよう。ロボットがあなたの部下として入社してきたのだ。新入社員なので言われたことしかできない。最初はしっかり面倒を見なければいけないが，育成すれば一人前の仕事ができるようになる。もしロボットの部下を育てて，5人分の仕事を任せることができれば，あなたは5人の部下を持つ管理職と同等の仕事ができるようになる。

　この部下たちは仕事に文句も言わなければ，上司であるあなたの悪口も言わない。24時間，黙々とあなたのためだけに働いてくれる。ロボットを部下に持つということは，あなたが「作業者」ではなく「管理者」になるということだ。ポジションが1つアップする。したがって今後は作業者としてのスキルではなく，管理者としてのマネジメント能力を磨かなくてはならない。

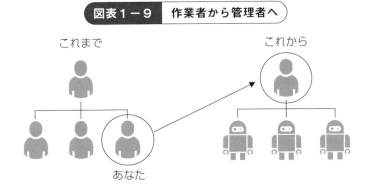

図表1－9　作業者から管理者へ

これまで　　　　　　　　　これから

あなた

　このように考えると，RPAは単に業務効率化やコストカットのツールではなく，退屈なルーチン業務からあなたを解放し，より高いレベルの仕事をできるようにするツールでもある。先ほど述べたように，単なる業務効率化ではモ

チベーションが上がらないかもしれないが，より充実した仕事に取り組めるチャンスと捉え，RPAをポジティブに活用してみてはいかがだろうか。

（5）RPA導入の成功事例

日本では大手企業を中心に数多くのRPA導入事例がメディアに取り上げられている。その中でも成功事例として2つのケースを紹介したい。

①　三井住友フィナンシャルグループの事例

同社は「付加価値業務の拡大」，「働き方改革の推進」，「人員配置の最適化」の3つを改革テーマに掲げ，その実現手段として2017年よりRPAの導入に着手した。その結果，検討開始から2年半でロボット1,400体以上を稼働させ，約1,450人分の業務をRPAに代替することができたという。同社はさらにRPAのグループ展開を加速させ，4,000人分の余剰人員捻出を目指している。

自動化した具体的な業務の1つは，営業担当者のレポート作成作業である。これまで営業担当者は毎朝出社後に，その日に訪問する顧客用に手作業でレポートを作成していた。これには毎朝30分から1時間かかっていた。

これに対してRPAは，営業担当者が出社するまでに，担当者の予定表から

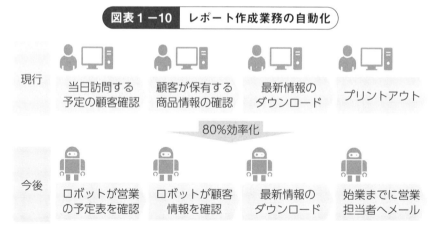

図表1-10　レポート作成業務の自動化

出典：「RPA DIGITAL WORLD 2018」三井住友フィナンシャルグループ プレゼン資料をもとに筆者が作成

当日訪問予定の顧客を確認し，その顧客が運用する商品の最新情報を収集して，レポートを自動的に作成するようにした。営業担当者はメールで送られてくるレポートをチェックするだけとなり，すぐに営業活動に入れるようになった。これにより作業時間を80%削減できたという。

　別の業務では，金融商品の不正な販売を防ぐ「金融商品取引モニタリング」にかかる集計業務がある。モニタリング業務には，網羅性，正確性，スピードが求められるため，RPAによってデータ収集や対象選定などを自動化した。また単純な反復作業から従業員を解放し，従業員のモチベーションを向上させるねらいもあった。

　RPAの導入により従業員の役割は変わり，これまでの事務作業から管理監督業務へとシフトした。これにより業務を35%効率化できたという。

②　日本通運の事例

　同社は「創造的な企画業務，営業活動などの時間創出」をテーマに，2018年よりRPA推進の取組みを開始し，2021年度末までに年間100万時間削減という目標を掲げて活動を実施している。

　自動化する対象業務は社内から募集する形をとり，1次募集で75案件，2次募集で234案件の応募を得ることができた。そして，できるだけ多くの部署が利用できることを優先し，RPA利用対象案件の選定を行った。

　また社内でRPAを知ってもらうことも重要と考え，1万8,000人を超える事務系社員に対して社内eラーニングを展開し，「RPAとは何か」，「RPAの活用事例」などを理解してもらう活動を行った。その結果，2021年4月時点で72万時間を超える業務削減に成功したという。目標の100万時間に対して残り27万時間というところまで到達している。

　同社の特徴は，**図表 1 －11**のように「集約型ロボット」と「横展開型ロボット」の2種類のロボットを業務内容に応じて使い分けながら展開しているところだ。

　集約効果の期待できる業務は，統括部門に業務をいったん集約し，そこへロボットを導入することによって各支店の業務量を削減している。つまり単に現行業務をそのまま自動化するのではなく，業務の集約化と自動化を掛け合わせ

図表1－11　集約型ロボットと横展開型ロボット

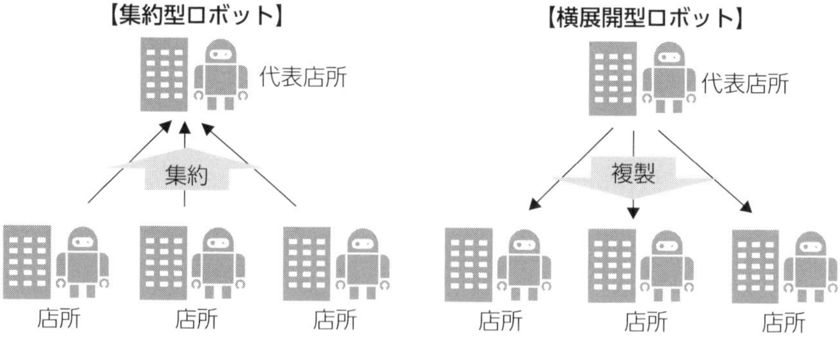

【集約型ロボット】　代表店所　集約　店所　店所　店所

【横展開型ロボット】　代表店所　複製　店所　店所　店所

出典：日本通運 2021年4月14日ニュースリリースをもとに筆者が作成

ることによって二重の効果を刈り取っている。また分散する業務については，1つのロボットを複数の拠点に横展開することによって，効率的な導入を実現している。

3．RPAの特徴を理解する

RPAは，あくまでパソコンで動くソフトウェアであるため，従来のシステム化との違いが今ひとつわかりづらい。RPAが自動化ツールといっても，これまでのシステムも自動化をしてきたはずだ。ここでは従来のシステム化との違いを踏まえ，RPAの特徴を説明する。

（1）従来のシステム化との違い

これまで多くの手作業がシステムによって自動化されてきた。たとえば発注業務の場合，システムを使う以前は紙の注文伝票を手書きで作成していた。しかし発注システムを利用すると，パソコン画面で注文したい商品を選択し，数量を入力し，発注ボタンを押すと注文が飛ぶようになった。手書きの注文書を

作る必要はなくなり，必要であればシステムからプリントアウトするだけである。これが典型的な従来のシステム化だ。

　このようなシステム化によって業務はかなり効率的になったが，よく見ると大勢の従業員がパソコンの前に一日中張り付いて作業をしている。つまり作業がゼロになったのではなく，10かかっていた作業量が5くらいに改善したということだ。

　一方，RPAは，この残った5の作業をゼロにしようとする試みである。実際には完全にゼロにはならず，RPAの管理業務が残るため1くらいを目指すのだが，少なくとも作業は大幅に削減される。つまりRPAは従来のシステム化を「もう一段改善する」という1つ上のレイヤに位置づけられる（**図表1－12**）。言い方をかえればRPAはシステム化された業務を，さらにロボット化するという二重の改善なのだ。

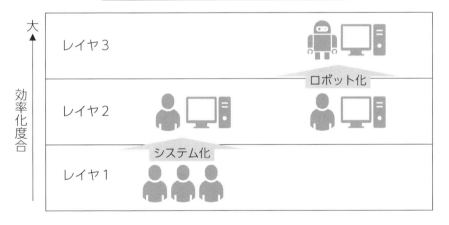

図表1－12　システム化とロボット化の違い

　従来のシステム化は人間とシステムが一緒に作業をする「半自動化」だが，RPAはロボットとシステムが作業する「完全自動化」である。車でたとえれば自動運転と同じだ。車のない時代には人は足で移動していたが，車の発明によって高速の移動が可能となった。しかし車は運転手がいなければ移動できない。ここに自動運転技術が加わることによって運転手がいなくても移動できる

ようになる。半自動化から完全自動化への進化である。

（2）複数アプリケーションの操作

　RPAの大きな特徴は，メーカーの異なる複数のアプリケーションを操作できるところだ。先ほども少し触れたが，従来からある自動化ツールにExcelのマクロがある。マクロはExcelなどの操作を自動化する機能で，Excel以外にもWordやPowerPointとも連携できるが，基本的にMicrosoft Office製品の範囲内でしか使うことができない。たとえばExcelのデータを使ってPowerPointにグラフを自動作成することはできるが，Excelのデータを自社固有のシステムに自動入力することはできない。したがって，マクロはマイクロソフト製品に閉じた範囲で利用されている。

　当然のことながら企業はマイクロソフト製品だけを使っているわけではなく，特に業務に使うような受発注システムや会計ソフトのほとんどはマイクロソフト製品ではないはずだ。そのためマクロの自動化といっても実際に使えるところは非常に少ない。

　一方，RPAは，どのメーカーのアプリケーションでも操作できる。RPAはマウスとキーボードで画面の操作だけを行い，処理自体は対象のアプリケーションが行う。人間の操作と同じようにクリックしたり，文字を入力したり，エンターキーを押したりする。したがってマウスとキーボードで動くアプリケーションであれば，どのメーカーの製品でも操作できるのだ。ここがRPAの画期的な点である。

　実際に業務ではメーカーの異なる数多くのソフトウェアを使っているはずだ。たとえばメール，Web，営業支援システム（SFA），販売管理，生産管理，在庫管理，勤怠管理，給与計算，原価管理，会計など，さまざまなアプリケーションを利用していると思われるが，メーカーの種類も同じくらい多いのではないだろうか。メーカーが異なれば通常それぞれに互換性はない。しかし，どのメーカーのアプリケーションでも共通していることは「マウスとキーボードで操作する」という点である。このように複数のアプリケーションに対応できるRPAの登場によって，パソコンで行うほとんどの業務が自動化の対象に入ってきたのだ。

（3）システムとシステムの溝を埋める

　従来，互換性のないアプリケーションの間を人が埋めてきた。**図表1−13**は，注文を受けてから会計処理をするまでの一般的な業務の流れである。通常，注文を受けると，注文情報を販売システムに入力する。翌月初旬になると前月の売上処理をするために，顧客ごとの売上合計金額をExcelなどで集計する。そして会計ソフトにデータを入力する。このようにメーカーの異なるアプリケーションの「溝」に人の手作業が発生する。

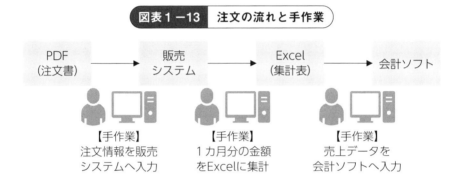

図表1−13　注文の流れと手作業

| PDF（注文書） | → | 販売システム | → | Excel（集計表） | → | 会計ソフト |

【手作業】注文情報を販売システムへ入力　　【手作業】1カ月分の金額をExcelに集計　　【手作業】売上データを会計ソフトへ入力

　もちろんERP（統合基幹業務システム）のように，1つのメーカーが販売システムと会計システムの両方を提供していれば，その間に手作業は発生しない。システムが統合されているので，販売情報から自動的に仕訳データが生成され，会計モジュールに流れるような仕組みになっている。それがERPの最大の売りでもある。

　しかしERPは企業の全業務をカバーしているわけではなく，どの企業でも異なるメーカーのアプリケーションを併用しており，多かれ少なかれシステムとシステムの間に手作業が発生する。この溝を埋めるのがRPAである。つまりシステムとシステムの溝にこそ，効率化のチャンスがあるのだ。

（4）対象領域のポジショニングの違い

　先ほど図表1－12で説明したレイヤ2からレイヤ3への完全自動化は，システム開発に費用をかければRPAでなくても実現できる。実際に金融機関などでは巨額の費用をかけて独自システムを開発しており，たとえばネットで振込みをしたり，コンビニで現金を引き出したりしても，システムですべて自動化されていることがわかる。また金融機関以外でも，大手企業であれば相当の費用をシステム開発へ投じているはずだ。

　しかしシステム開発には相応の費用がかかるため，ある程度の投資対効果が見込めなければシステム化の対象にはならない。当然のことながら投資対効果の出ない業務は手作業として残る。

　図表1－14は業務の規模と自動化の関係性を表しているが，RPAが従来のシステム開発による自動化とは対象領域でポジショニングが違うことがわかるだろうか。

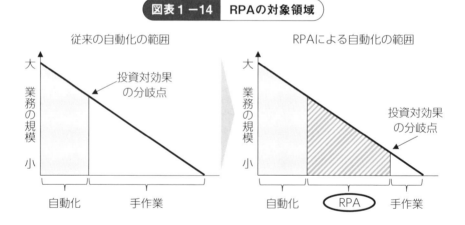

図表1－14　RPAの対象領域

　図表の縦軸は業務の規模を示しているが，図表の左側のように業務の規模のどこかに「投資対効果の分岐点」があり，分岐点を上回る業務は自動化され，それを下回る領域は手作業となる。なお手作業と言っても物理的な労働ではな

く，レイヤ2のパソコンを使った「人手による作業」をここでは手作業と呼んでいる。

　一方，RPAの導入費用は従来に比べて大幅に低いため，図表の右側のように分岐点がかなり下がってくる。これまで自動化の対象外となっていた比較的規模の小さい業務も対象となる。

　これは中小企業にとってもメリットが大きい。中小企業は大手企業のようにまとまった定型業務が少ないが，RPAならば小さな定型業務でも投資対効果が出るからだ。

　このようにRPAは小さな業務の自動化を積み重ねることによって，これまで手つかずであったホワイトスペースを埋めることができる。これがRPAの特徴であるため，RPAの対象業務を検討する際は，規模が比較的小さく，自動化されていない「取り残された業務」を探すことがポイントとなる。

（5）自社固有業務の自動化

　企業には独特の業務があり，同じ業界でも仕事のやり方は同じではない。そのため自社に合ったパッケージソフトが見つからないというケースは多々ある。市販のパッケージソフトがなければ，独自のシステムを開発するか，手作業で対応するしかないが，システムの開発には多額の費用がかかるため，それなりの業務削減効果が見込めなければ自動化はできない。したがって多くの業務は手作業に落ち着くことになる。

　RPAは市販のパッケージソフトのように完成品ではないため，自社固有の業務でも自動化がしやすい。現状の作業をそのまま自動化することも可能だ。このように「自由度が非常に高い」という点もRPAの特徴の1つである。業務の規模が小さいために自動化できないというケースだけでなく，独特すぎてパッケージソフトが見つからないというケースにもRPAは強いことを覚えておきたい。

（6）スピードという価値の提供

　自動化の効果というとコスト削減だけに目がいきがちだが，「スピードという価値」も忘れてはならない。たとえば先の三井住友フィナンシャルグループ

の事例では，営業担当がオフィスに出社するまでにRPAが提案資料を作成してくれるというものだが，これは朝1時間分のコストを削減しているだけでなく，朝1時間早く仕事がスタートできる価値を提供している。これは他社に比べて1時間早く顧客にアプローチでき，1時間早く情報提供できることを意味し，そこに「スピードという価値」が存在する。残業が1時間減ったというコスト削減効果とは質が異なる。

　RPAは24時間稼働するため，夜中の時間を有効に活用できる。通常ならば出社してから始める作業を，出社したときにはすでに完了している前提でスケジュールを組める。たとえば日本時間の夜中に起きた海外市場のニュースをRPAがレポートにまとめ，朝の通勤電車の中でチェックすることができれば，その日のアクションに違いが出るであろう。

　また飲食業や流通業のように日々財務データをチェックするような業界でも，従来は翌日の午後になってようやくレポートが回ってきたものが，朝までにレポートが回ってくるようになれば，迅速な対応が可能になる。このようにスピードが求められる業務に役立つこともRPAの特徴の1つである。

4．どのようなRPA製品があるのか

　世の中にRPA製品は数多くあり，おそらく数百種類はある。現在はRPAの成長期のため，新しい製品が次々に登場しているが，ある程度成熟期に入ると自然に淘汰され，主要な製品はおそらく5〜10種類くらいに絞られる。重要なことは，淘汰されて消えてしまう製品だけは選択しないことだ。

（1）国内における主要製品

　まず国内で使われている主なRPA製品を俯瞰してみよう。**図表1−15**は，日本の大手企業におけるRPAブランド別の浸透率を示している。

　数ある製品の中でも，ここに出てきている8製品であれば，淘汰される可能性は低い。なお，この8製品にもう1つ加えておきたいのがマイクロソフト社

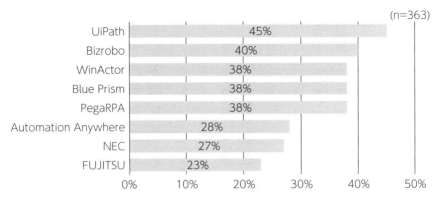

図表1−15　大手企業におけるRPAブランド別の浸透率

(n=363)

- UiPath 45%
- Bizrobo 40%
- WinActor 38%
- Blue Prism 38%
- PegaRPA 38%
- Automation Anywhere 28%
- NEC 27%
- FUJITSU 23%

0%　10%　20%　30%　40%　50%

※浸透率は企業内でのRPA展開度合を測る指標。部門数，PC台数，従業員数などで測定している。浸透率は部門ベース。各RPA導入企業が設置している部門数を分母，RPAを利用している部門を分子として計算。
出典：MM総研「RPA国内利用動向調査2020」

のPower Automate Desktopである。当製品は2021年に無償提供が開始されたばかりのため，導入企業はまだ少ないが，メディアでも非常に注目されており，今後大きくシェアを伸ばすものとみられている。

（2）　グローバルにおけるRPAベンダーの評価

　次にグローバルでの位置づけも見ておこう。**図表1−16**はIT分野の調査会社であるガートナー社が発表したRPAベンダーの評価である。「実行能力」と「ビジョンの完全性」という２つの基準にもとづいて，主要18社のベンダーが評価されている。

　このマトリックスで右上の象限が「リーダー」の位置づけで，RPA製品ではいわゆるトップ企業と評価される。2021年は４社がリーダーとなっている。リーダーの中でUiPath，Automation Anywhere，Blue Prismの３社は，以前からグローバルのトップ３と呼ばれていたが，ここにマイクロソフト社が入ってきたかたちだ。

　もちろんリーダーの製品がほかの製品よりすべて優れているわけではなく，限られた領域でリーダー製品よりも高いパフォーマンスを発揮するものや，後

図表1－16　グローバル市場でのポジショニング

チャレンジャー　　　　　　　　　リーダー

●UiPath

●Automation Anywhere

●Blue Prism

●Microsoft

NICE●

EdgeVerve Systems●

NTT●　　　　　　　　　●WorkFusion

Samsung SDS ●　　　　　　　　　●Pegasystems

SAP ●　　　　　●Appian

Nintex●

IBM●　　　　●Servicetrace

Kryon●

Cyclone Robotics●

Laiye ●

ニッチプレーヤー　　　　　　　　ビジョナリー

実行能力　←

ビジョンの完全性　→　　　　　　　2021年6月時点

出典：ガートナー「Magic Quadrant for Robotic Process Automation」2021年7月

　発で急成長中の製品もある。また日本国内に限れば、サポート体制や日本語対応など求められるニーズも異なるため、必ずしもグローバルの評価が国内に当てはまるわけではない。

　国内とグローバルの主要製品を見比べてみると、グローバルのトップ3は国内でも浸透していることがわかる。一方、BizRobo!、WinActor、NEC、FUJITSUの4社はグローバルの評価とは異なり、日本において特異な人気を得ているようだ。

　WinActorはNTTの製品であり、グローバルの18社にも入っているが、やはりNTTが販売／サポートしていることから、国内での順位はグローバルに比べて高い。NECとFUJITSUはグローバルの18社には入っていないが、日本メーカーであるため、国内では選択されているようだ。またBizRobo!は日本

メーカー製ではないが，日本では早くからRPAの導入をリードしてきたベンダーであるため，豊富な実績が評価されているものと思われる。

（3）主要RPAの製品概要

ここではRPAの主な6製品について製品概要を説明する（2022年1月時点）。

① UiPath

UiPathはニューヨークに本社を置くUiPath社が提供するRPAで，世界で5,000社を超える企業に導入されている。同社は2005年に設立され，現在は東京をはじめロンドン，ニューヨーク，パリ，シンガポールなどの主要都市にオフィスを構える。

60日間限定の無償評価版を提供しており，ユーザー登録すれば誰でも自分のパソコンにインストールしてトライアルができる。

また個人のRPA開発者および小規模事業者向けにCommunity Cloudという無償版も提供している。60日間のトライアル版とは異なり，期限なく無料で利用することができる。この小規模事業者とは「関連会社を含め従業員が250人未満，かつ売上高が500万ドル未満の組織」と規定されており，この条件に該当しない場合は利用できない。

UiPathの公式ホームページには，数多くのEラーニングが無償で提供されており，ビデオやテキストの日本語対応もほぼ完了している。またUiPathの使い方に関する書籍も多数発行されている。

② Automation Anywhere

Automation Anywhereは，2003年にアメリカで設立されたAutomation Anywhere社が提供するRPAで，世界で4,000社以上の企業に導入されている。日本では2018年にオートメーション・エニウェア・ジャパンが設立され，現在は東京，名古屋，大阪，福岡などの主要都市にオフィスを構える。

Automation AnywhereはWebベースのクラウド製品で，クライアントツールのインストールを必要とせず，Webブラウザからすぐに自動化に取り組むことができる。

　30日間限定の無償版を提供しており，テクニカルサポートもフルに受けることができる。こちらもスモールビジネス従事者や開発者向けにCommunity Editionを提供しており，無料かつ無期限で利用することができる。なおCommunity Editionの利用条件には，ユーザーが250人未満，売上年間500万ドル未満などの規定がある。

　学習については，Automation Anywhere Universityという無償のオンライントレーニングが用意されており，日本語化もされている。また同社の社員による有償のトレーニングプログラムもある。

③　Blue Prism

　Blue Prismは，2001年にイギリスで設立されたBlue Prism社が提供するRPAで，世界で2,000社以上に採用されている。日本法人は2017年に設立されている。

　Blue Prismは，高水準のセキュリティに対応しており，カード情報セキュリティの国際統一基準であるPCIDSSにも準拠している。そのため機密情報を取り扱うような重要業務にも適している。

　30日間限定の無償評価版を提供しており，パソコンにインストールするオンプレミス版とインストール不要のクラウド版がある。またBlue Prismの認定資格取得を目指す開発者向けに，ラーニングエディションという180日間無償で利用できるバージョンも用意している。

　学習については，「ハンズオントレーニング」という実際にBlue Prismを操作しながら学んでいくプログラムが用意されており，日本語のテキストが無償で提供されている。これはラーニングエディションの無償期間を利用して学習していくかたちだ。

④　Power Automate Desktop

　Power Automate Desktopはマイクロソフト社が提供するRPAで，2021年より無償版が提供開始されている。この無償版はWindows10ユーザーであれば追加費用なしで利用できるのが最大の特徴だ。Power Automate Desktopには無償版と有償版があり，無償版は有償版と比較してクラウド版Power

Automateとの連携ができなかったり，スケジュールによる自動実行ができなかったり，大規模な活用に一部制限があるが，RPA自体の機能は有償版と同じだ。

　マイクロソフト社は従来からPower Automateシリーズとして自動化ツールを提供していたが，今回のPower Automate Desktopは，マイクロソフト社が2020年に買収したSoftomotive社のWinAutomationがベースとなっている。これにより従来に比べて直感的な操作がやりやすくなった。

　学習については，無償版の提供が始まってから日が浅いこともあり，学習のためのサイトが少しずつ増えてきているものの，まだまだ不足気味の状況だ。当面はシステムベンダーの提供する無料のセミナーや有償のトレーニングコースとEラーニングを活用するのがよい。

⑤　BizRobo!

　BizRobo!は，アメリカのKofax社が開発したKofax Kapawを日本企業向けに改良した製品で，日本ではRPAテクノロジーズ社が製品およびサポートを提供している。RPAテクノロジーズ社は2008年に設立され，現在は東京本社をはじめ大阪，名古屋，福岡，札幌などにオフィスを構えている。同社は国内で早くからRPAを手掛け，導入実績は国内2,200社以上にのぼり，日本での先駆者的な存在となっている。

　製品はニーズに応じて異なる5つの基本ラインナップが揃えられており，メインのBizRobo!Basicは，複数のロボットをサーバーが集中管理する方式で，大規模な展開が可能となっている。従来BizRobo!は，大手企業向けに比較的高額な料金設定をとっていたが，近年はBizRobo!miniという初期コストを抑えたクライアント型の製品も発売している。パソコン1台から導入可能となっているため，中小企業でも活用しやすい。

　BizRobo!BasicとBizRobo!mini には，共に1カ月間限定の無償評価版が提供されている。この評価期間中は，技術サポートやラーニングコンテンツも無料で利用できる。

⑥　WinActor

　WinActorは，2010年にNTTの研究所で生まれた国産のRPAで，NTTアドバンステクノロジ社が提供している。国内で6,500社を超える企業に導入されており，国内シェアNo.1の提供実績を誇る。販売についてはNTTデータグループやNTT東日本が中心となって日本全国をカバーしている。

　WinActorは純国産のため完全な日本語対応ができており，英語にも対応している。英語以外の言語対応については順次拡大するとしているが，NTTの海外での知名度は国内に比べて低いため，RPAの海外展開まで視野にいれる場合は，言語対応や現地サポートの面でやや難がありそうだ。

　同製品も30日間限定の無償評価版が提供されている。学習については，NTTデータと提携企業が「WinActor eラーニング講座」を提供しており，無料の基本講座もある。またNTTドコモやヒューマンリソシアなども有料，無料のオンライン講座を提供している。いずれも本格的な学習は有料コースがメインとなっている。

（4）RPA製品を選ぶポイント

　RPAは主要な製品だけでもかなりの数があり，どのように比較して選定すればよいか迷うかもしれない。ここでは製品選定におけるいくつかのポイントを解説する。

図表1－17　サーバー型とデスクトップ型

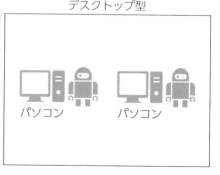

① サーバー型とデスクトップ型

　RPAは**図表1－17**のようにサーバー型とデスクトップ型に大きく分かれる。製品選定の際には，どちらのタイプを選ぶかを最初に決めたほうがよい。

　サーバー型とは，一般的にロボットをサーバー側に置き，サーバーのロボットが複数のパソコンを集中管理するタイプである。一方，デスクトップ型とは，個々のパソコンにロボットを置き，パソコン内で自動化を完結するタイプとなる。それぞれどのようなメリットとデメリットがあるのだろうか。

　サーバー型は，複数のパソコンを一括管理することができるため，大量のデータ処理や横断的な業務の自動化が可能となる。たとえば1つの業務を10人の従業員が担当している場合，1カ所で集中管理したほうがメンテナンスやトラブル対応などがやりやすくなる。一方，サーバー型のデメリットはコストである。専用のサーバーを用意する必要があるため初期コストが高くなり，またRPA製品の価格も一般的にサーバー型のほうが高い。

　デスクトップ型はパソコン1台からスタートでき，サーバー型と比べて構成もシンプルであるため，スモールスタートに適している。コストもサーバー型より低く抑えられる。また個人のパソコンでロボットの作成や修正ができるため，現場主導の改善がやりやすい。一方，デスクトップ型のデメリットは，大規模な業務の自動化や大量のデータ処理に向かない点だ。また運用の集中管理ができないため，たとえばシステム管理者は状況のモニタリングができず，個

図表1－18　各製品におけるサーバー型とデスクトップ型

製品名	サーバー型	デスクトップ型
UiPath	○	○
Automation Anywhere	○	×
Blue Prism	○	×
Power Automate Desktop	×	○
BizRobo!	○	○
WinActor	○	○

※2021年11月時点
※WinActorのサーバー型は管理ロボのWinDirectorを併用

人のパソコン内でブラックボックスとなりやすい。

　以上のメリット，デメリットをまとめると，大規模な利用にはサーバー型，小規模な利用にはデスクトップ型が適していると言える。なお製品によっては両方に対応しているものもある（**図表1－18**）。その場合，まずデスクトップ型でスタートし，後にサーバー型に変更するという選択肢も出てくる。

② クラウド型とオンプレミス型

　もう1つタイプの違いとしてクラウド型とオンプレミス型というものがあり，これも選定の初期段階に決めておくことが望ましい。クラウド型とは，インターネット上のクラウドサービスを利用する方式で，自社のサーバーやパソコンにRPAをインストールする必要がない。オンプレミス型とは，自社のサーバーやパソコンにRPAをインストールして使う従来の方式だ。

　クラウド型のメリットは，RPAのインストールが不要な点である。ネット環境さえあれば端末や場所に左右されずにRPAを活用できる。またRPAのソフトウェア自体がクラウド上で稼働しているため，自社の端末にあまり負荷がかからず，端末のメンテナンスもシンプルになる。専用のサーバーやパソコンも不要となるため，初期コストは低く抑えられる。

　一方，デメリットとしては，まずセキュリティ面での不安があげられる。インターネットを経由するため，サイバー攻撃などの脅威にさらされる可能性もゼロではない。またインターネットにつながっていない社内システムを操作することができない。さらにクラウド型はインターネット環境に依存するため，大量データの転送などに時間を要したり，インターネット障害によって処理が停止したりするリスクがある。

図表1－19　クラウド型のメリットとデメリット

メリット	デメリット
●RPAのインストールが不要 ●初期コストを低く抑えられる	●セキュリティ面の不安，リスク ●インターネット環境に依存

　オンプレミス型のメリットとデメリットは，クラウド型の反対になる。両者

のメリットとデメリットと自社の状況を勘案して選択することが重要だ。

③　販売代理店の存在

　RPA製品の多くは，メーカーから直接購入するのではなく，メーカーが提携する「販売代理店」から購入し，サポートも販売代理店から受けるかたちとなる。どこが販売代理店になっているかはメーカーのホームページに掲載されており，主にシステムベンダーとコンサルティングファームが担っている。したがってRPAを選択する場合には，販売代理店のロケーションやサポート体制も考慮する必要がある。

　たとえばロケーションに関して販売代理店が自社の近くにない場合，対面でのサポートを受けることができないかもしれない。開発やメンテナンスを委託した場合も，遠距離であれば出張費用を請求されたり，緊急の場合にすぐに駆け付けることができなかったりする可能性がある。そのため，自社の近くに販売代理店があるかどうかで製品を絞るという考え方もある。

　また付き合いのあるベンダーにRPAのサポートも依頼したい場合，そのベンダーが取り扱うRPA製品，あるいは得意とするRPA製品を選ぶという考え方もある。

　さらに販売代理店の実績やサポート体制も考慮しなければならない。同じ製品でも販売代理店の能力が低ければ，その後の開発やサポートで苦労するかもしれないからだ。このようにRPA製品の選定には，販売代理店の存在とセットで総合的に考えることがポイントとなる。

④　製品評価の方法

　ここまでの①〜③は製品評価の前提となる条件の確認であり，消去法で製品がある程度絞られてくるはずだ。その上で，候補に残った製品を評価するには，図表1−20のような評点表を利用するとよい。

　この表はあくまでサンプルで，実際にはもう少し細かな形式になると思われる。この中で特に重要となるのが「使いやすさ」の部分だ。まず前提として，主要製品であればRPAの機能自体にそれほど大きな差はないと考えられる。どの製品も他社を意識して機能面を常にアップデートしているため，短期的に

図表1−20　製品選定における評点表の例

観点	説明	評価			備考
		製品A	製品B	製品C	
費用	初期コストとランニングコスト	○	△	○	Bはライセンス料が高い
実績	マーケットシェア，導入実績	◎	△	△	AはシェアNo.1
機能	レコーディング，OCR，AIなど	△	△	○	CはAI機能が優れている
使いやすさ	直感的な操作性，わかりやすさ	×	○	○	Aの開発画面は使いづらい
日本語対応	製品，ドキュメント，サポート	○	△	△	Aは日系企業のため良い
サポート	電話対応，迅速性，ツール	△	○	△	Bは24時間対応可能
その他	上記以外のメリット，デメリット	−	−	○	販売代理店はCに実績多
総合評価		×	△	○	

差が出たとしても時間とともに差がなくなるからだ。しかし開発画面や開発方式は製品ごとにかなり違いがあり，長期的にも使いやすさが変わってくる。

　開発画面とは，ロボットを開発する時に使う画面のことで，基本的な構成はどの製品も同じだが，それでも直感的なわかりやすさや使いやすさ，それによる開発にかかる時間が製品によって異なる。

　これは使う人が初心者かエンジニアかによっても変わってくる。たとえば，図表を多用する製品は初心者にとっては使いやすく，直感的にもわかりやすい。しかし組み立てに時間がかかるためエンジニアには好かれない。またエンジニアはプログラム言語を知っているため，ソースコードを直接打ち込んだほうが効率的と考える人も多い。そうすると，ほとんどプログラミングと変わらないような開発画面を好んだりする。

　このように開発画面や開発方式は製品によって差があり，利用者によっても好みが異なるため，きちっと比較するのであれば実際に無償評価版を使ってみ

るしかない。しかし実際に複数の製品の無償版をインストールし，それぞれ使ってみるのも大変なため，ベンダーにデモを見せてもらったり，口コミ情報などから判断したりすることも現実的だ。

　ところで，このような製品評価を行わない企業も実際には少なくない。RPAに詳しい人から意見を聞いて，それで決めてしまうことも多い。筆者も数多くの企業へRPA導入の支援を行ってきたが，中小企業であれば筆者の意見だけで決めてしまうことがほとんどであった。わざわざ製品比較をしなくても，客観性のある専門家であれば，どの製品が適しているかは最初からわかっているからだ。

　逆に大手企業では製品評価をきちんと行うケースが多い。これは「なぜこの製品を選んだのか」と後で追及される可能性があるため，サラリーマン的に手順を踏む必要があるのかもしれない。もっとも大企業は導入規模も大きくなるため，簡易的であっても一定の製品評価をするというのがガバナンス的に正しいのであろう。

■ 第2章

基本的なRPAの
適用パターン

1．基本的な4つの適用パターンとは

　RPAはさまざまな定型業務に適用されているが，その使われ方には基本的なパターンがある。ここではRPAの活用方法をよりよく理解するため，基本的な「4つの適用パターン」について説明する。

　RPAの導入を検討する際，他社事例を参考にする人は多い。自社にも当てはまる事例があれば役立つからだ。しかし本やインターネットなどで事例を調べると，RPAの使われ方は千差万別であり，自社に当てはまる事例を見つけ出すのもかなり苦労することがわかる。

　確かに活用方法は企業によってさまざまであり，業界によっても異なるが，RPAが提供している本質的な機能はシンプルで，おおむね4つのパターンに分けられる。したがって，そのパターンを押さえることが自社への活用方法を見出す近道となる。

　基本的なRPAの適用パターンは，転記，資料作成，メール連絡，Web連携の4つである。

（1）転　　記

　最もよく使われるパターンは転記だ。つまり何らかのアプリケーションにロ

ボットが自動入力するケースである。一例で言うと，顧客からの注文情報を，自社の販売システムに入力する作業である。たとえばメールやFAXで送られてきた注文は，通常，従業員が販売システムに手で入力（転記）する。これをロボットが従業員に代わって自動入力するパターンである。

また自社のシステムとシステムの間を人が転記するケースも多い。たとえば販売システムの注文データを集計し，売上データを会計ソフトに手で入力するような場合だ。これも転記の1つであり，RPAに代替しやすい業務だ。

図表2－1　転記のイメージ

外部情報の転記

注文書　　　販売システム

システムへ転記

自社システム間の転記

Aシステム　　　Bシステム

ダウンロード　　システムへ転記

（2）資料作成

企業では管理のために数多くの資料を作成している。会社としてオフィシャルな管理資料もあれば，個人が作業の一部として作成している資料もある。

たとえば営業部門であれば，案件情報，受注情報，売上情報などを週次や月次でレポートにまとめ，営業会議などで使用しているはずだ。営業事務の担当

図表2－2　資料作成のイメージ

関連システム　　　　　　Excel　　　　　　レポート

ダウンロード　　　データの集計／編集

者は，営業支援システムや販売システムなどからデータをダウンロードし，Excelでデータを編集し，特定のフォーマットにまとめるような作業を定期的に行っている。

　また人事部門であれば，勤怠管理の一環として有給管理台帳や残業管理表などを作成している場合も多い。企業によっては手書きのノートで，さまざまな台帳管理をしている。このような資料作成をRPAで代替するというのもパターンの1つだ。

(3) メール連絡

　定形業務の1つにメール連絡がある。たとえば注文を受けた顧客に受付のメールを送ったり，納入期日が決まった際に日程を連絡したりする。また社内においても，さまざまな定形のメール業務があるはずだ。1つの内容を全員に送るような「一斉メール」はそれほど手間がかからないが，相手によって内容が異なるような「個別メール」は非常に時間がかかる。

　個別メールとは，たとえば期限までに提出のない従業員に催促のメールを送ったり，返事がない従業員にメールを再送信したりする業務だ。いちいちメールアドレスを探し，挨拶的な文章を打ち込み，相手によって異なる文面を書き込まなければならない。さらにメールを送ったことを記録するために，管理表を作成したりもする。

　このような煩雑なメール連絡をRPAで自動化することは非常に効果があり，多くの企業が採用しているパターンである。

図表2-3　メール連絡のイメージ

メール

メール作成/送信/催促

38

（4）Web連携

　最近はWebを利用する業務も多い。たとえば交通費精算の業務では，申請書の請求金額が正しいかどうかを確認するために，経理担当がYahoo!路線情報などの路線情報サイトを利用して金額をチェックする。また配送業務において商品を発送する際に，事務員がGoogleマップなどの地図情報サイトを利用して地図をプリントアウトし，ドライバーに渡したりする。

　Webサイトは自社システムではないため，従来のシステム開発ではデータ連携をとるような対象ではなかったが，RPAはデータ連携をしているのではなく，人に代わってマウスとキーボードを操作しているだけのため，外部のシステムであっても簡単に連携ができるようになった。このようなWebとの連携もRPAの得意領域である。

図表2－4　Web連携のイメージ

Webサイト　　　　　　　　Excel　　　　　　　　プリンター

Web情報の取得　　　　　レポート作成　　　　プリントアウト

　ここまで典型的な4つの適用パターンについて概略を説明したが，次は各パターンの具体例やポイントについて詳しく解説する。

2．転記の適用パターン

　転記はRPAで最も利用頻度の高いパターンであり，適用される業務範囲も非常に広い。その中でも典型的なケースとは，注文情報の転記，請求書の転記，

申請書の転記，システム間の転記の4つである。

　もちろん業種業態によって，この4つの転記以外にもさまざまな転記業務に
RPAは利用されている。しかし，それらの業務の多くは結局のところ4つの
転記の類似あるいは応用にすぎないため，ここで説明する具体例やポイントは
ほかの業務であっても同じように活かせるはずだ。

（1）注文情報の転記

　転記の典型例の1つは，注文情報を自社の販売システムに入力するケースで
ある。業種業態によっては簡単に自動化できるかもしれないが，多くの企業で
はそれほど単純ではなく，さまざまな工夫が必要になる領域だ。

　RPAはパソコン上で動くソフトウェアのため，デジタルデータしか扱うこ
とができない。しかし注文情報は必ずしもデータで来るわけではないため，
「どのようにデータ化するか」が本ケースのポイントとなる。

　大手企業であれば注文をEDIなどで自社の販売システムと直接つないだり，
専用のWebシステムに入力させることによって，データを自社システムへ取
り込んだりしているであろう。この場合はすでに自動化されているので，
RPAの対象ではない。問題は，注文を電話，FAX，メールなどで受け取って
いる場合だ。つまりデータ化されていないケースである。

　紙の注文書もOCR（光学的文字認識）を使えばデータ化できると単純に考
えるかもしれない。しかしOCRにも認識精度の問題や，注文書のレイアウト，
サイズ，紙質などによる制約があるため，それほど簡単にはいかない。また

図表2－5　OCRとRPAの連携

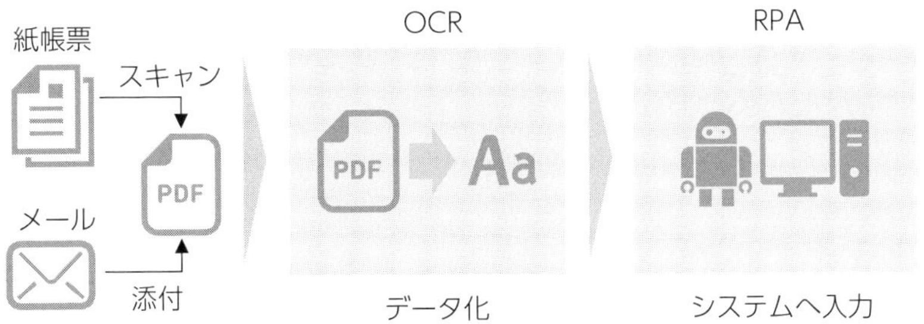

OCRの導入費用が別途必要となるため，ある程度の規模がなければ投資対効果が出ない。

　一方，最近は「AI-OCR」というAI技術を活用したソフトウェアによって，文字の認識精度は各段に高くなっており，これまでより活用できる余地が広がっている。またRPA自体にOCR機能を搭載する製品もあり，Googleやマイクロソフトなどが無料で提供しているOCRツールと組み合わせて，費用を抑えることも可能だ。したがってOCRが必ずしも推奨できないわけではない。実際にOCRを組み合わせた事例は数多く存在し，むしろOCRを活用したほうが良いケースも多々ある。ただし安易にOCRへ走る前に，さまざまな工夫ができることを理解しておきたい。

　要するにOCRを使うということは「ひと手間増える」ということだ。認識精度も100%ではないため確認作業が必要となる。紙の注文書であれば物理的にスキャナーで読み込ませる作業も必要だ。したがって，最初から注文をデータで受け取るようにすることのほうが本質的な解決となる。つまり課題設定を「いかにして取引先から注文情報をデータで受け取るか」とするのだ。

　具体的には，データで受け取ることを顧客と交渉し，注文方法を少し変えてもらうのである。たとえば注文をFAXではなく，Excelファイルで送ってもらうのだ。この話をすると「相手があることなので無理だ」，「お客様なのでこちらから要求できない」，「取引先が小さいのでFAXしかできない」といった反論が出て交渉しようとしない。しかし，本当はできないのではなく，やりたくないのであろう。実際にできることは数多くあり，やってみるとできるからだ。

　まず前提として，すべての注文をデータで受け取る必要はない。全体の8割でも，あるいは半分でもデータで受け取ることができれば十分に改善できる。そのためには，特に大口顧客から優先的にデータでのやり取りを交渉すべきである。パレートの法則にもあるように，上位20%の顧客と交渉が成立すれば，全体の80%をカバーできるはずだ。

　では具体的な方法だが，注文情報をデータ化するには次の3つ方法がある。

① Excelのフォームに入力してもらう

　自社にとって一番良い方法は，自社の注文フォームをExcelで作成し，これ

を顧客に使ってもらう方法だ。顧客に入力してもらった上で，Excelファイルをメールで送ってもらう。フォーマットが統一されるため，その後のデータ処理がやりやすい。

　ここでポイントとなるのが，顧客にとってもメリットが出るように工夫することだ。たとえば顧客がフォームに入力しやすいように，商品を「ドロップダウンメニュー」で選択できるようにしたり，「ラジオボタン」や「チェックボックス」などを活用したりし，わざわざ文章で記入する必要がないようにする。また顧客も一度フォームを作成すれば，同じような注文はファイルをコピーして使いまわせるので，手間が省けるというメリットもある。

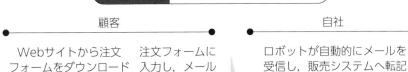

図表2−6　自社の注文フォームを利用

顧客	自社
Webサイトから注文フォームをダウンロード　注文フォームに入力し，メール	ロボットが自動的にメールを受信し，販売システムへ転記

　この方法でよく指摘される問題点は，Excelだと変更ができてしまうため，ファイルをそのまま送ると後でもめるのではないかという顧客側の懸念だ。つまり改ざんの心配だ。しかしメールでも送信履歴，受信履歴が残るので，万一もめた場合は注文時の送受信日と時間から確認することは可能であり，よほど悪意のある取引先でない限りトラブルにはならないはずだ。それでも心配であれば，メールを受信したタイミングで注文ファイルをPDF化し，注文受領メールを返信する仕組みをRPAで自動化しておけばよい。

　ただし，自社の注文フォームに切り替えてもらうのは，顧客からすれば面倒くさいと感じる可能性がある。いくら交渉しても取り合ってくれない顧客もいるであろう。一方，新規の顧客であれば，最初から注文フォームを使ってもらえる可能性は高い。そういう意味では，時間をかけて徐々に切り替えるという

のも現実的だ。

② 元のファイルを送ってもらう

　自社の注文フォームを使ってもらうことが難しい場合は，顧客が使っているファイルをそのまま送ってもらうことを交渉する。

　まずFAXを使った注文についてだが，FAXは「手書き」の紙を送るケースと，Excelなどで作成した表を「プリント」して送るケースがある。最近はFAXといっても，さすがに手書きではなくプリントが多い。先方には元のファイルが存在するので，その元のファイルをメールで送ってもらうようにお願いするのだ。またFAXではなく，メールでPDFファイルを添付して送ってくる顧客に対しては，PDF化する前のExcelファイルをそのまま送ってもらうようにお願いする。

図表2－7　顧客の元ファイルを利用

　顧客からすればFAXする代わりにメールするだけなので手間は変わらないはずだ。あるいはメールにPDFを添付する代わりにExcelファイルを添付するだけなので，メールの場合も手間は変わらない。むしろPDF化する手間が省ける。

　それでもExcelファイルだと先ほどと同じ「データの改ざん」が懸念される可能性はある。それは①で説明したようにメールの送受信履歴を確認するなどで対応すればよい。またFAXをメールに切り替えるケースでは，「メールだと見逃すのではないか」，「本人が休みの場合は届かないのではないか」と心配さ

れることもある。しかしロボットが対応するのでミスはなく，休みも取らない旨を伝え，むしろFAXよりもミスなく，正確に対応ができるメリットをアピールする。

　なお手書きのFAXの場合は，OCRでもデータ化がかなり難しいため，まずは手書きからExcelに変更してもらうようお願いするのが現実的であろう。

　次の問題として，バラバラのフォーマットへの対応がある。Excelファイルを送ってもらう場合，これは顧客側の任意のフォーマットであるため，顧客ごとにバラバラのフォーマットで送られてくることになる。そのためRPAが処理できるようにフォーマットの変換を行わなければならない。フォーマットの変換自体は，RPAでもExcelマクロでも技術的には簡単だが，顧客の数だけ変換ロジックを組む必要があるため，顧客数が多くなるとかなり大変な作業となる。顧客数が10〜20くらいであれば対応できそうだが，100や200になると難しい。その場合は主要取引先の上位数十社に絞るしかない。

③　管理用の中間ファイルを使う

　電話，FAX，メールで注文を受ける場合，企業によっては注文情報を直接販売システムに入力するのではなく，いったんExcelの一覧表を作成していることも多い。これは入力モレや入力ミスを防ぐために，事前に一覧表で確認をしたり，入力後に再確認をしたりしたいからだ。たとえば1日分の注文を販売システムに入力し，その合計額とExcelの合計額が一致すれば入力ミスがなかったことを確認できる。

図表2−8　管理用のファイルを利用

顧客　　　　　　　　　　　　　　自社

これまでどおり
の注文

Excelの一覧表
を作成

販売システム
へ転記

　このような管理用の中間ファイルを作成している場合は，そのデータを使って販売システムに自動入力することが効率化になる。手入力の作業が削減されるだけでなく，ロボットは入力ミスをしないため，入力の確認作業も不要となる。あとは元のFAXやメールの注文内容が正しくExcelに反映されていることをしっかり確認すれば済む。

　この方法は管理用のExcelを作成する作業が残るため，自動化の度合いは半減してしまうが，顧客から直接データを受け取ることができない場合は次善策として検討すべきである。

（2）請求書の転記

　取引先から請求書が送られてくると，会計ソフトに支払データを入力しなければならない。通常，請求書は郵送されてくるため，紙の請求書を見て従業員が会計ソフトに入力をする。この転記の処理は先ほどの注文の場合と基本的には同じで，外部からの情報を社内システムに入力するパターンだ。

　少し違うのは，取引先が請求書をExcel形式で送ってくれることはまずないという点だ。注文書のケースではExcelファイルを送ってもらうよう顧客と交渉すべきと述べたが請求書では異なる。取引先からすれば，請求書は最終確認を終えた文書であるため，改ざん可能性のあるExcel形式での送付を受け入れることはまずないからだ。

　請求書も電子化が進んでおり，PDF形式の請求書をメールで送付するケースも増えてきている。しかし，まだまだ紙の請求書を郵送するところが多いのが現実だ。ここでは紙の請求書を前提に，どう対応するかについて説明する。

① 管理用の中間ファイルを使う

　これは前記の注文情報の方法と同じで，管理用にExcelの支払一覧を作成している場合は，それをRPAで会計システムに自動入力する。実際，このようなExcelの一覧表を作成している企業は多い。支払いに間違いがあってはいけないため，請求書をいきなり会計ソフトに入力するのではなく，いったんExcelの一覧表を作り，そこから十分な確認作業を行う。確認方法は企業によってさまざまであろうが，たとえば経理の別の担当が請求書とExcelが一致

していることを確認したり，回覧形式で上長を含む複数の人が承認をしたり，また本人も入力後に会計ソフトの金額とExcelの金額が一致していることを確認したりする。このように管理用の中間ファイルを作成しているのであれば，これを利用して入力作業を自動化することができる。

②　AI-OCRを利用する

　OCRは費用と手間がかかるため，筆者はあまり薦めていないが，請求書の量が多い場合はOCRの投資対効果は期待できる。実は請求書はAI-OCRが得意とする文書で，文字認識率が非常に高い。AI-OCRのベンダーの中には，請求書や領収書に特化した製品を提供しているところもある。つまり，請求書はExcelデータで受け取ることができず，またOCRの精度も高いことから，注文書よりはOCRの活用可能性が高い。

　AI-OCRは定型のフォーマットを読み取る形式と，非定型のフォーマットでも読み取れる方式がある。定型フォーマットの方式では，請求書のどの位置に取引先名があり，どこに金額が書かれているか事前に登録しておくため，認識率は非常に高い。一方，非定型のフォーマットではAI-OCRがどの位置に取引先名があり，どこに金額が書かれているかAIを使って判断する。フォーマットを事前に登録しておかなくても，さまざまな請求書の形式をAIがすでに学習しているため，高い精度で判断ができる。

　AIがどうやって異なるフォーマットを認識しているのか詳しくは知らないが，おそらく請求書のフォーマットはどの企業でもだいたい同じだからであろう。どの請求書でも右上に取引先名が書いてあり，「合計金額」と書いてあるところに支払うべき合計金額が書いてある。大量のフォーマットを学習することによってパターンをつかんでいると思われる。

　請求書に特化したAI-OCRは，紙情報を文字データに変換するだけでなく，仕訳データを自動的に作成し，会計システムへ登録してくれるものもある。ここまでくるとRPAとは別の領域に入ってしまうが，もしAI-OCRを導入するのであれば特化型のソフトも検討してみると面白いかもしれない。いずれにしてもOCRには追加費用がかかるため，まず投資対効果が見込めるかよく調査すべきである。

（3）申請書の転記

　申請書とは，たとえば経費精算の申請書のように，担当部署へ何らかの処理を依頼するためのフォーマットのことを指す。業務内容としては，担当者が送られてきた申請内容を確認し，データをシステムに入力する作業となる。

　申請書には，社内の従業員が申請するものと，社外の顧客などが申請するものに分かれる。ここでは社内，社外の2つに分けてポイントを説明する。

① 社内での申請書

　Excelの申請書をベースに，システムへ自動入力するだけであれば比較的簡単だ。特定のメールアドレスを決め，従業員はメールにExcelの申請書を添付して送付する。ロボットはメールの受信をキャッチし，Excelファイルを開いて入力処理を行う。もし申請書が紙である場合は，これを機にExcelの申請書に切り替えたほうがよい。

　ここでのポイントは，単にシステムへの入力作業を自動化するだけでなく，さまざまな関連作業についても自動化を検討することだ。たとえば経費精算の場合，申請書が正しく記入されているかのチェックが必要だ。交通費の精算であれば，料金が合っているかどうかをYahoo! 路線などの路線検索サイトで確認するが，その作業を自動化する。もし間違っていれば，申請者にメールで送り返す作業も自動化する。またシステムへの入力前に上長の承認をとる場合は，それもRPAで対応する。つまり一連の業務全体を対象に自動化を検討するこ

図表2−9　申請書の転記

従業員　　　　　　　　　　　　　　担当部門

Excelの申請書
をメール

メールを自動受信し
申請内容をチェック

社内システム
へ転記

とが重要となる。

②　社外からの申請書

　社外からの申請書とは，セミナーの申し込みや会員登録などを受け付ける
ケースだ。申請には定型フォーマットを使用することになり，WebやExcelの
申請フォームを用意して申請者に入力してもらう。このように申請書をデータ
で受け取ることが可能な場合は，社内での申請書と同じようにデータを使って
自動化すればよい。

　問題は紙の申請書を使わざるを得ないケースだ。たとえば店舗で申請を受け
付ける場合，タブレット端末などの設備を整えていない限り，紙の申請書に書
いてもらうことになる。そうなるとOCRに頼るしかない。ただし，申請書は
注文書や請求書とは異なり，自社の「定型フォーマット」を使えるため，精度
の高い文字認識を実現することができる。つまり手書きであっても100%に近
い認識率を期待できるのだ。

　従来，手書きの文字をOCRで読み取ることはかなり難しかった。しかし，
AI-OCRの登場によって手書きの文字でも高い精度で認識できるようになって
いる。AIが大量の手書き情報を学習しているからだ。また申請書が定形フォー
マットであるため，フォーマットの工夫次第で，より高い精度を出すことがで
きる。この「フォーマットの工夫」とは何かを**図表2－10**を例にとって簡単
に説明する。

図表2－10　OCR用のフォーマット

| こうではなく | 氏名 | | 申込日 | |
| | | | 年　　月　　日 | |

| こう！ | 姓 | 名 | 申込日 | |
| | | | 20　年　　月　　日 | |

48

たとえば，氏名を1つのボックスにすると，苗字と名前のくぎりがどこかわからない場合が起こる。そこで姓と名のボックスを分けるだけで余計なミスがなくなる。右側の申込日のケースでは，年のところで和暦と西暦が混在したり，西暦でも下2桁しか記入しない人が出てきたりするが，図表のように「20」と頭を指定するだけで書き手をコントロールできる。

このような工夫を加えることにより，定形の申請フォーマットであれば手書きでも非常に高い認識精度を確保することができる。あとは全体の投資対効果次第であるため，申請書の枚数が多い場合や，作業量が多い場合には検討してみる価値がある。

ところで，よく「OCRの認識率が100％でないから使えない」と言う人がいるが，注意してほしいのは「人間も100％ではない」ということだ。どんな人でも入力ミスがあり得るため，入力した後にミスがないかを確認している。同じようにOCRであっても確認すればいいだけである。仮に認識率が90％であっても，全部をゼロから手で入力するよりは，10％だけを修正するほうが効率的であろう。

（4）システム間の転記

システム間の転記とは，Aシステムの情報をもとにBシステムにデータを入力することである。たとえば勤怠管理システムの勤怠情報を給与管理システムに入力したり，給与管理システムの振込情報を銀行のFB（ファームバンキング）システムに入力したりするケースである。システム同士に互換性がある場

図表2−11 システム間の転記

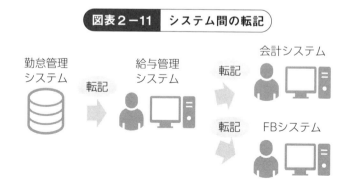

合を除き，一般的に人が手作業で入力している業務だ。

　システム間の転記では，すでにデジタルデータが存在しているため，これまでのような紙の問題はなく，比較的簡単に自動化することができる。後はRPAの処理方法を考えればよい。処理方法は各システムの機能に依存するが，アプリケーション側の「インポート機能」を使う方法と，普通に登録画面から入力する方法に分かれる。

①　インポート機能を使う

　アプリケーションには「インポート機能」を搭載しているものも多い。インポート機能とは，CSVファイルを使ってデータを一括で取り込む機能である。アプリケーションごとにインポート用のフォーマットが決まっており，その決められた項目に合わせてデータを用意すれば，登録画面から入力をしなくても一括で登録できる。

　たとえば，銀行振込には「全銀フォーマット」という全国銀行協会が定めるCSV形式のフォーマットがあり，FBシステムは一般的に全銀フォーマットを取り込めるインポート機能がある。この場合，RPAはFBシステムの画面から1件ずつ登録するのではなく，全銀フォーマットに合わせたCSVファイルを作成し，インポート機能を利用してFBシステムに一括登録するほうが早い。

図表2-12　インポート機能による転記

給与管理システム	Excel	FBシステム
データをダウンロード	CSV形式に変換	CSVをインポート

　同じように，市販のアプリケーションでもインポート機能を搭載しているものもあるため，機能の有無を確認したほうがよい。もしインポート機能が使えるのであれば，画面から1件ずつ登録するよりもはるかに処理が早く，RPA

の開発やメンテナンスも楽になるはずだ。

　なお市販の給与管理システムや会計システムには，全銀フォーマットのCSV
ファイルをエクスポート（出力）できるものもある。その場合は，わざわざ
RPAでCSV形式に変換する必要もなくなる。

②　登録画面から入力する

　インポート機能がない場合は，普通に登録画面からデータを1つずつ入力す
るしかない。この場合のRPAの処理はシンプルで，一方のシステムからデー
タをダウンロードし，もう一方のシステムの登録画面へ入力するだけである。
また複数のシステムのデータを使う場合は，その編集も含めて一連のプロセス
を自動化すればよい。

図表2−13　登録画面を使った転記

システムA　　システムB　　　Excel　　　　システムC

データをダウンロード　　　データを編集　　　画面からデータを入力

　なお企業によっては，入力情報を事前にチェックするルールを設けている場
合もある。**図表2−13**の例で言えば，システムCへ登録する前に，編集され
たExcel表に間違いがないか人がチェックするようなやり方だ。これは入力ミ
スがないように登録情報の「事前チェック」をしているわけだが，RPAを効
果的に動かすには「事前チェック方式」ではなく，「事後チェック方式」のほ
うが適している。なぜならば，事前チェック方式では一連の業務プロセスが途
中でストップしてしまうからだ。

　具体的にはデータの登録は事前チェックせずにすべて実行し，最終的に登録
されたデータを事後的にチェックする。何かミスが見つかれば修正すればよい。

このほうがRPAの作業が中断せずに進み，人の確認作業も最後の１回で済む。逆に途中で人が介在することのほうが，余計なヒューマンエラーを引き起こす要因となる。

　このようにRPAを前提とした業務設計のポイントは，「自動処理のプロセスが中断しないようにする」ということである。プロセスの合間に人の作業が入ると，せっかくの自動処理が途中で止まってしまい，フローがスッと流れない。現状のプロセスは人が処理することを前提に最適化されているはずだが，ロボットを前提とした場合には最適でない場合がある。なるべくロボットの作業が途切れないようにプロセスを整流化しなければならない。

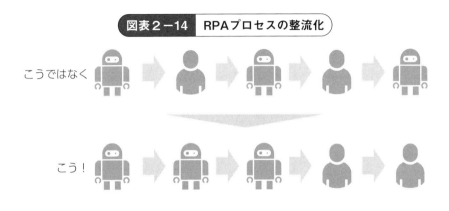

図表２－14　RPAプロセスの整流化

こうではなく

こう！

3．資料作成の適用パターン

　企業ではExcelなどを使って数多くの「管理資料」を作成している。ここでいう管理資料とは，たとえば売上実績表や収支管理表といった主に計数管理の資料である。

　単に１つのシステムからレポートを出力するだけであれば，システムのレポート機能を使って印刷するだけだが，複数のシステムからデータを集計する場合は標準機能でできないため，手作業で対応することが多い。

　大企業の場合は，データウェアハウス（DWH）を導入し，互換性のないシ

ステムのデータを一元管理する仕組みを構築しているかもしれない。この場合はすでに自動化されているためRPAの対象外となるが、それでもDWHでカバーされていない情報は手作業で対応しているはずだ。

　資料作成はRPAがよく使われるパターンの1つである。これは数字の集計や加工がヒューマンエラーの起きやすい業務であり、ロボットの正確性が非常に役立つからだ。またレポートが早くできあがることも計数管理では重要となるため、RPAが重宝されている。

　ここでは資料作成でRPAがよく使われるパターンとして、複数のシステムからデータを集計するケース、フォーマットが頻繁に変わるケースの2つについて活用方法を説明する。

（1）複数のシステムからデータを集計するケース

　このケースの代表例に「営業管理資料」がある。営業管理に使う資料はさまざまだろうが、ここでは**図表2−15**の売上管理表を例にとって説明する。

図表2−15　売上管理表とデータソース

売上高（千円）

	当月			累積			着地見込み				
	計画	実績	差異	計画	実績	差異	計画	受注残込み	進捗率	未受注込み	進捗率
○○営業部	650	675	25	3,900	3,885	−15	7,800	4,530	58%	7,130	91%
営業1課	200	180	−20	1,200	1,125	−75	2,400	1,450	60%	2,520	105%
営業2課	300	320	20	1,800	1,960	160	3,600	2,200	61%	3,070	85%
営業3課	150	175	25	900	800	−100	1,800	880	49%	1,540	86%
△△営業部	500	535	35	3,000	3,010	10	6,000	3,520	59%	4,800	80%
営業1課	250	295	45	1,500	1,450	−50	3,000	1,650	55%	2,420	81%
営業2課	100	70	−30	600	685	85	1,200	850	71%	950	79%
営業3課	150	170	20	900	875	−25	1,800	1,020	57%	1,430	79%
合計	1,150	1,210	60	6,900	6,895	−5	13,800	8,050	58%	11,930	86%

　　　　　　会計システム　　　　　　　　販売システム　　　　Excel

　この資料は、当月と累積の「売上高実績」が左側にあり、右側に年度末の着地見込みとして、受注残を含めた確定の売上高と、未受注を含めた予想の売上

高を一覧表にしている。

　通常，それぞれのデータは異なるシステムで管理しており，売上高実績は会計システム，受注情報は販売システム，未受注の案件情報はExcel表といったようにデータソースが分散している。そのため，資料を作成するには各システムからデータを収集し，担当者が手作業で集計しなければならない。

　特に受注前の案件情報は各営業部門がExcelなどで個別に管理していることが多く，SFA（営業支援システム）を導入していれば別だが，そうでなければ各部門からExcelファイルを収集しなければならず，かなりの集計作業を要する。もちろんミスも起こりがちだ。

　このような集計作業はコンピューターが得意としており，当然ミスもしなければ仕事も早い。人がやると大変な作業であるが，ロボットなら簡単な作業である。

　具体的には**図表2－16**にあるとおり，まずロボットは会計システムにログインし，売上データをダウンロードする。次に販売システムにログインし，受注データをダウンロードする。案件情報をExcelで管理している場合は，Excelファイルを特定のフォルダに置くルールとしておき，ロボットはそれらのファイルから受注見込み情報を取得する。

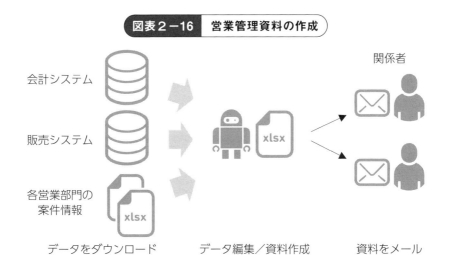

図表2－16　営業管理資料の作成

会計システム

販売システム

各営業部門の
案件情報

関係者

データをダウンロード　　　　データ編集／資料作成　　　　資料をメール

　次にロボットは収集したデータをもとに着地見込みや進捗率などを計算し，規定のフォーマットに合わせて資料を作成する。完成した資料はメールで関係者へ送る。ロボットが作成した資料はミスがないだけでなく，できあがるスピードも早い。これまで何日もかかっていた資料がおそらく数秒で完成する。それだけ鮮度の高い資料を手にすることができるわけだ。

（2）フォーマットが頻繁に変わるケース

　フォーマットが頻繁に変わる代表的な資料に「部門別収支管理資料」がある。これはビジネスの実態に合わせて，収支の管理方法が頻繁に変わるからだ。たとえば組織変更があると収支管理の単位を変更しなければならないし，また共通費の配賦基準も実態に合わせて定期的に見直されることが多い。

　このように頻繁にフォーマットが変わる資料作成は，システム化したとして

図表2－17　収支管理表

○月度	製造1部			製造2部			製造3部			合計		
	計画	実績	差異	計画	実績	差異	計画	実績	差異	計画	実績	差異
売上高												
材料費												
消耗品費												
修繕費												
：												
社員労務費												
派遣労務費												
賞与												
福利厚生費												
：												
役員報酬												
減価償却費												
租税公課												
：												
営業利益												

もメンテナンスに余計な費用と時間がかかってしまうため，簡単に修正ができるExcelを使うことになりやすい。しかしExcelも結構な作業負荷がかかるため，RPAによって効率化可能な領域といえる。

　収支管理資料は営業管理資料よりも，はるかに複雑で大変な作業を要する。営業管理資料が売上高だけを対象としていたのに対し，収支管理資料は何十種類もの費用科目を対象とするからだ。

　図表2−17は部門別の収支管理表の例である。縦軸は損益計算書の主な科目をとり，横軸は部門の予実差異をとっている。全社の損益計算書であれば会計システムから簡単に出力できるが，部門別の収支管理を行うためには，このような管理資料を作らなければならない。

　部門別の収支管理では，売上や費用を部門別に按分する必要がある。特に光熱費や物流費など部門にまたがって消費される共通費は，何らかの配賦基準にもとづいて費用を按分しなければならない。配賦基準を科目ごとに細かく設定している場合は，その計算に膨大な作業がかかってしまう。

　これらをExcelなどで集計，編集している場合は，かなりの手作業となっているはずだ。したがって柔軟に変更が可能なRPAによる自動化が効果的となる。

4．メール連絡の適用パターン

　メールによる連絡も事務作業の多くを占める業務であろう。1つひとつ手作業でメールを書いていると当然のことながら相当の時間がかかってしまう。失礼にならないように挨拶文も入れなければならない。単発のメールであれば個別対応も仕方がないが，もし定形の繰り返し業務であればRPAに代替可能であり，実際に多くの企業で活用されている。

　メール連絡の活用方法は大きく3つに分類される。ここでは，単純な連絡メール，異常時のアラートメール，再確認のリマインドメールの3つに分けて説明する。

（1）単純な連絡メール

　複数の人へ同じメールを送る一斉メールはあまり手間がかからないが，複数の人へ異なる内容を送る「個別メール」の場合は，かなりの作業負荷が発生する。また一斉メールであっても，その「頻度」が高ければ作業に時間がかかる。したがって，RPAで自動化すべき対象は，個別メールを送る場合と頻度の高い場合である。

図表２−18　自動化すべきメール連絡業務の特徴

１．複数の人へ個別メールが必要な場合　　　　２．メールの頻度が高い場合

　個別メールの例としては，メールで注文を受けた際に，受領メールを顧客に返信するような作業だ。注文内容を確認する意味で連絡するため，メールには個別の注文内容を記載する必要がある。同じように納品日が決まったタイミングや発送が完了したタイミングで連絡する作業も個別メールに該当する。ネットショップと同じような対応である。このようなメール連絡を現在行っていない企業でも，RPAで自動化すれば顧客サービスの向上につながるので利用価値は高いはずだ。

　頻度の高いメールの例としては，売上情報を関係者へ毎朝メールするようなルーチン業務だ。RPAによって売上情報のレポートを自動作成している場合，できあったレポートをメールに添付して送るようなイメージである。

　メール連絡を自動化するメリットは単に業務削減だけではなく，「迅速性」あるいは「リアルタイム性」にもある。たとえば注文の受領メールでも，半日たってから連絡するよりは受領した瞬間に連絡したほうが顧客満足は高くなる。夜間や土日でも連絡だけは早めに返すほうが喜ばれるはずだ。また売上情報を

送るケースでも，従業員が朝出社してからメールするよりも，出勤前にメールするほうが通勤中に目を通すことも可能となる。このような時間的なメリットも合わせて考慮するとよい。

（2）異常時のアラートメール

何か問題があったとき，あるいは問題かもしれないときに，連絡がすぐに飛ぶというのは便利であろう。たとえば，従業員の残業時間が一定水準を超えた場合に，本人や上長へメールが自動的に送られるような仕組みだ。

本来，上長は部下の勤務実態を管理しているはずだが，全員の残業時間を毎日チェックするというのも負担が大きい。忙しかったりすると気づかないうちに事故が起き，手遅れとなってしまう可能性もある。このように異常値を検知して連絡するメールを「アラートメール」と呼ぶ。

図表2-19　残業時間のアラートメール

残業時間を
毎日チェック

一定水準を超える残業時間を
検知すると本人と上長にメール

このケースの特徴は，メールの「連絡作業」を削減しているのではなく，残業が超えていないかの「チェック作業」を削減し，見過ごしてしまう「リスク」を削減している点だ。仮にアラートメールが月に1回しかなかったとしても，これを見過ごすことなくタイムリーに検知することに価値がある。会社としても安心して本業に専念できるはずだ。同じように，次のような場面でアラートメールが活用できる。

- 経費の使用が予算を超えた場合
- 入金予定や出金予定に変更があった場合

- ●納期予定日を超過している場合
- ●在庫が一定量を下回った場合
- ●RPAがエラーで止まった場合

これらはあくまで一部の例だが，何かあった場合に早急な対応が求められる状況はすべてアラートメールの対象となる。なおRPAのエラー時に担当者へメールするというのは特に推奨される。気づかないうちにRPAが止まっていると取り返しのつかない場合もあるからだ。

（3）再確認のリマインドメール

RPAのメール連絡の中でも，定番中の定番がリマインドメールだ。活用できる範囲も広く，そして非常に役に立つ。リマインドメールには①催促のメール，②事前案内のメールの2種類がある。

① 催促のリマインドメール

一例として勤怠情報の提出管理がある。従業員は期限までに勤怠情報をシステムへ入力することになっているが，期限を過ぎても提出していない場合，多くの企業では人事担当がリマインドのメールを送っている。1回のリマインドでも対応しない場合，何度もリマインドを繰り返し，あげくの果てに電話で頼み込んだりする。

このようなリマインド業務は準備にも時間がかかる。リマインドメールを送る前に，まず誰が未提出なのかをシステムでチェックし，未提出者の一覧表を作成する。次に1人ひとりのメールアドレスを宛先に入力し，これに定形の文

図表2－20　勤怠情報提出のリマインドメール

勤怠管理システムで
未提出者を抽出

未提出者のメールアドレスを
入力し，定形メールを送信

未対応者へリマインド
メールを毎日送信

面をつけて，ようやくメール送信にたどり着く。しかも1回で対応しない人もいるため，この作業を何度も繰り返さなければならない。結構な作業量になるため，自動化による効果が期待できる。

　何度もリマインドメールを送ることは，人の場合だと躊躇しやすい。あまりしつこいと相手に悪いと思い，普通の人は気が引けるものだ。しかしロボットがメールを送るぶんには躊躇がない。悪気もないので，どんどんリマインドメールを送りつけることができる。受け取る側としても相手が機械なので怒りようもない。これがリマインドメールをRPAにやらせる1つのメリットだ。やり過ぎると迷惑メールと同じかもしれないが，悪いのは提出しない本人なので気にすることはない。

　催促のリマインドメールは，あらゆる催促業務に活用できる。たとえば次のようなケースだ。

- ●ミーティングや懇親会の出欠連絡で返事がない場合
- ●請求書の内容確認を依頼したが回答がない場合
- ●ワークフローの承認者が未承認のまま放置している場合
- ●入金予定表，出金予定表が未記入の場合
- ●年末調整の書類が未提出の場合

---

②　事前案内のリマインドメール

　事前案内として1本メールを入れておくことは，通常業務でも行っているであろう。たとえば入社面接で，社内の面接官に対して前日にメールで連絡をしておくようなケースだ。万一忘れていたり，都合が悪くなったりしていることがないようにするためだ。

　このような定型業務はRPAで自動化しておけばよい。具体的にはロボットが面接予定表をチェックし，担当する面接官にリマインドメールを送る。日時や場所だけでなく，履歴書や面接シートなども添付して送付する。ロボットにやらせておけば作業負担が軽減されるだけでなく，送信モレ，記載ミス，添付ミスなどのヒューマンエラーも防ぐことができる。

　社外に対してもリマインドメールの活用は効果的だ。たとえば購入部品が予

定通り納品されるように，納品日の数日前に業者に対してリマインドメールを自動的に送るようにしておく。業者が期日を忘れていたり，納品遅れの連絡を忘れていたりすることを未然に防ぐためだ。自社から相手先に納品する場合も同じだ。先方の予定が変わっていたり，何らかの手違いがあったりしても，事前に判明すれば対応のとりようがある。

　これらの事前連絡を手作業で対応するとなると作業負担の問題が発生するが，ロボットに作業負担は関係がないので，あらゆる事前連絡を自動化しておくことができる。

　営業が顧客訪問するケースでも活用できる。**図表2−21**にあるように，ロボットは営業担当のスケジュール表をチェックし，前日になると訪問先の担当者へリマインドメールを自動送信する。顧客も予定を忘れていたり，日時を勘違いしたりする場合があるからだ。気の利いた営業マンであれば自分でリマインドメールを送っているかもしれないが，そのような単純作業はRPAに任せたほうが賢い。

図表2−21　顧客へのリマインドメール

営業担当の
予定表を確認

訪問予定の顧客に
事前案内のメールを送信

5．Web連携の適用パターン

　業務でWebを使うことも多いと思われるが，ここではいくつか典型的な例を紹介するとともに，Web特有の注意点も指摘しておく。

（１）Ｗｅｂアプリの利用

　Ｗｅｂアプリの利用について，先にも触れた「交通費精算」を例にとり説明する。交通費精算は一般的に従業員が経費精算の申請書に日付，訪問先，交通経路，運賃を一覧形式で記入し，経理に提出をする。経理はＷｅｂの路線情報サイトを使い，運賃の確認作業を行う。外出の多い営業マンをたくさん抱えている企業では，この確認作業に膨大な時間とコストをかけているはずだ。

　このようなＷｅｂアプリを使う業務もRPAの得意領域である。経費精算の申告書が仮にExcelの場合，ロボットは専用のメールアドレスに送られてきたExcelを開き，出発地と到着地をＷｅｂの路線検索画面に入力する。最も経済的な運賃を取得し，申請書に記載されている申告金額と一致しているかをチェックする。これの作業をひたすら繰り返す。

　金額が不一致であった場合，どのような対応をとるかは企業によってさまざまであろうが，もし申請者に差し戻すルールであれば，ロボットが自動的に返信メールを作成して申請者へ差し戻す。金額に不備がなければ承認者へ回す。

　図表２－22は説明したプロセスを表したものであり，ロボットは申請書をチェックし，不備があれば本人へ差し戻すというシンプルなプロセスだ。

図表２－22　交通費精算の経路・運賃チェック

従業員が交通費精算の
申請書をメールで送信

Ｗｅｂの経路検索で
経路・運賃をチェック

不備がなければ
承認へ回す

不備があれば差し戻す

　一方，このように機械的なチェックを行うと，些細なミスもすべて差し戻しになるのではないかと心配になる人もいるだろう。駅名の漢字が間違っていた，

金額が少しだけ違っていた，最短経路ではなく別経路であったなど，人が作る申請書など間違いはいくらでも起こりえる。これをすべて差し戻すと相当の不満が出かねない上，本当に効率化したのかどうかも怪しくなる。

　このような場合，ロボットで100%自動化するのではなく，人の目を入れることも考慮すべきだ。つまり初期チェックはロボットが行い，残りは人が対応するという「作業分担」をするのだ。たとえば，ロボットが申請書をチェックして9割に不備がなく，1割に不備があったとする。その1割の不備分は本人へ差し戻すのではなく，ロボットがExcelにマーキングするなどして，いったん経理担当に回す。そこで人が確認し，本人へ差し戻すかどうか判断する。これでも不備のない9割は自動化しているので，十分効率的になるはずだ。

　この「ロボットと人の作業分担」は交通費精算だけの話ではなく，RPA導入のすべてに共通する効率化のポイントだ。どのような業務でも例外がある。しかし例外があるからといって自動化できないとあきらめるのではなく，例外は人が対応することを前提に，いかにロボットと人が作業分担するかを考えることがポイントとなる。仮に半分が例外だとしても，半分は自動化できる可能性が残っているわけだ。

（2）Web情報の収集

　この典型例として「口コミ・評判情報の収集」がある。Webには消費者の情報にあふれているが，ロボットを使って情報収集するというものだ。

　たとえば自社の商品に関する口コミ情報を集め，商品開発や営業戦略に活用

図表2－23　口コミ・評判の収集

ショッピングサイトなどから
口コミ・評判情報を収集

キーワード，NGワードを
取捨選択して担当者へメール

するのだ。不満をかかえている消費者がいれば何らかの対応をしたほうがよいだろうし，また誤った情報や悪質な書込みがあれば，これも何らかの対応が必要であろう。

　無限に広がるWebの世界で，情報収集を人手で行うなど気が遠くなる作業だが，これこそRPAによって常にモニタリングする仕組みを作っておけば便利である。

　具体的には検索キーワードを設定し，ロボットが定期的にWebを検索する。自社の商品名はもちろんのこと，もう少し絞り込みたければ「評判」，「口コミ」，「最悪」，「おすすめ」などのキーワードを設定し，絞込み検索を行う。あるいはショッピングサイトの評価や口コミなどの特定ページを選び，その情報を収集してもよい。同じ情報を繰り返し収集しても意味がないため，重複チェックもロボットが行う。

（3）Web連携で注意すべきこと

　RPAでWebを操作する場合には注意すべきことがある。これはWebが外部システムであるため，画面構成が勝手に変わり，RPAがストップする可能性がある点だ。

　自社システムや購入した市販ソフトは，アップデートでもしない限り画面構成は変わらないが，Webは先方の都合で勝手にアップデートされてしまう。また画面遷移の途中にキャンペーンなどのポップアップ画面が入ったり，画面の上部にシステム障害などの緊急情報が表示されたりもする。RPAがこのような想定外の画面に遭遇するとエラーになってしまうのだ。

　ただし画面が変わると必ずエラーになるわけではない。これは設計の方法にもよるが，たとえば特定のボタンをクリックする場合，RPAは画面にあるボタンの「位置」にもとづいてクリックするのではなく，プログラム構造の「オブジェクト」にもとづいてクリックする。したがって少々位置が変わっても，オブジェクトが同じであれば正常に動く。しかし画面構成が大幅に変わると対応できない。

　画面構成の変更に対処する設計上のテクニックはさまざまあるものの，100%の対応はできないため，ある程度リスクがあることを前提に対応してお

いたほうがよい。具体的には，RPAが止まった場合を想定してスケジュールに余裕を持たせたり，手作業で対応できるような手順を用意したり，あるいはリスクを許容できない業務にはRPAを避けたりするなどだ。

6．適用パターンの組み合わせ

　ここまで4つの適用パターンを説明してきたが，これらのパターンはそれぞれが独立しているわけではない。適用パターンごとに論点や注意点が異なるため，本章では4つの適用パターンに分解して説明したが，実際には業務の一連の流れにおいて組み合わせることになる。

　先ほどの交通費精算を例にあげると，次のような流れになる。

図表2−24　適用パターンの組み合わせ

　まずロボットはWebの経路情報サイトで経路や運賃をチェックし，不備がなければ承認者へメールする。承認されれば会計システムに転記する。交通費を定期的に集計し，管理用のレポートを作成する。

　図表2−24にあるとおり，4つの適用パターンである「転記」，「資料作成」，「メール連絡」，「Web連携」のすべてを組み合わせて一連の業務を自動化していることがわかる。

第3章

業務効率化のポイント

1．改善案検討における7つのセオリー

　改善案の検討にはさまざまな知恵と工夫が必要になる。定形業務だからといって必ずしも自動化できるとは限らず，自動化できるとしても，その実現方法は1つとは限らない。どこに着目して改善すればいいのか，どこに気をつけるべきなのか，どうすれば課題を乗り越えられるのかなど，検討には悩みごとが尽きないであろう。

　ここでは業務効率化を成功に導くために，改善案検討における「7つのセオリー」について説明する。

（1）業務量の多いところにフォーカスする

　定型業務を洗い出すと，おそらく何十もの業務が抽出されるであろうが，どのような観点で取り組むべきか迷うかもしれない。それぞれの投資対効果にもとづいて進めるというのも1つの考え方だが，業務効率化の基本は「業務量の多いところにフォーカスする」ということだ。

　業務量の少ないところをいくら頑張っても大した効果は出ない。同じ頑張るなら業務量の多いところを頑張ったほうが高い効果が期待できる。基本的には**図表3−1**のイメージのように，業務を業務量の多い順に並べて，上から順番

に片づけていくのがセオリーだ。

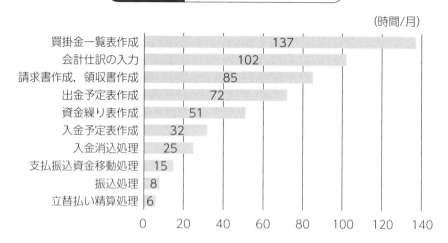

図表３－１　定形業務の一覧表イメージ

（時間/月）

買掛金一覧表作成　137
会計仕訳の入力　102
請求書作成，領収書作成　85
出金予定表作成　72
資金繰り表作成　51
入金予定表作成　32
入金消込処理　25
支払振込資金移動処理　15
振込処理　8
立替払い精算処理　6

0　20　40　60　80　100　120　140

　もちろん業務量以外の観点で優先順位をつける場合もあるだろう。学校のテストで点数を稼ぐコツは，簡単な問題から解いていくことだが，たとえば簡単な改善から進めていくというのも１つの考え方である。ただし迷ったら業務量の多いほうを選ぶべきと覚えておく。

（２）データの二重入力に着目する

　改善機会は二重入力の部分に潜んでいることが多い。これは適用パターンの「転記」に該当するところだが，企業では一般的に多くの時間を転記業務に費

図表３－２　二重入力に着目した改善機会

上流工程　　　　　　　　　　　　　　　　　　　　　　　　下流工程

PDF（注文書）→販売管理システム→Excel売上集計表→会計ソフト→Excel入金予定表

二重入力　　二重入力　　二重入力　　二重入力

やしている。たとえば受注業務を検討対象とした場合，業務フローを上流（受注）から下流（入金）まで追っていき，どこでデータが途切れているかを確認してみるとよい。そうすると二重入力の場所が特定できる。

　データというものは最初に1度だけ入力し，そのデータを最後まで使い回すのが「あるべき姿」であり，最も効率的なフローとなる。もし同じデータを何度も入力している部分があれば，そこが改善機会である可能性が高い。二重入力をRPAで解消すると従来の転記作業がほぼゼロになるため，改善効果が極めて高くなる。定形業務を1つひとつ確認するだけでなく，全体のフローでチェックするという視点も効率化のポイントだ。

（3）クイックヒットは先にやる

　業務の改善案を検討していると，小さい改善だがすぐにできる施策というものが出てくる。これを「クイックヒット」と呼び，短期的に成果があがる比較的簡単な施策のことを指す。大きな成果があがる施策ではないため，後回しになりがちな改善だが，「クイックヒットは先にやる」というのが業務改善のセオリーだ。

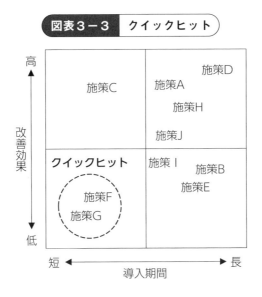

図表3-3　クイックヒット

　クイックヒットを先にやることには2つのメリットがある。まず小さな成功を実現することで，取組みのメンバーに一定の達成感を与える効果がある。これによってモチベーションが高まり，改善のいきおいがつく。メンバーの中には取組みに懐疑的であったり，消極的であったりする人もいるであろうが，ちょっとした成功体験により態度が好転することもある。

　2つ目のメリットは，周りの見る目が変わり，関係者の協力を得やすくなる点だ。長々と検討を続けていると，最初は協力的であった関係者も徐々に興味が薄れていく。定期的なミーティングは参加者が減っていき，何らかの理由をつけて協力しなくなることもある。クイックヒットは周りの関心を高める効果があり，関係者の協力が得やすくなる。クイックヒットの目的は「改善効果」ではなく，取組みを「進めやすくする」ことなのだ。

（4）なんでもかんでもRPAでやるべきではない

　「RPAによる業務効率化」というテーマだからといって，なんでもかんでもRPAで実現しようとしてはいけない。もっと簡単なやり方，効率的なやり方がないか検討すべきである。だからといってゼロベースでまったく新しい改善案を考え始めると取組みの範囲を逸脱してしまうので，手の届く範囲で代替案を検討してみることだ。

　たとえばExcelのデータを利用してExcelの表を作成するような作業は，RPAを利用するよりもExcelの標準機能を利用したほうがおそらく簡単だ。マクロを使えば簡単に自動化できるであろうし，マクロのスキルがなくてもExcelの関数やピボットテーブルなどを活用して自動化できる可能性がある。

　またアプリケーションにインポート機能がある場合は，RPAで登録画面から自動入力させるよりも，手作業でCSVファイルをインポートしたほうが簡単かもしれない。

　つまり「RPAよりも簡単にできる方法はないだろうか」という視点を常に持っておくことが重要だ。

（5）人の判断が必要だからといってあきらめない

　RPAが適用できる業務は，ルールが明確で人の判断がいらない定形業務が

対象となる。人でなければ判断できない業務をロボットが処理できるはずもないからだ。こう聞くと，多くの業務が「人の判断が必要だから」という理由で簡単に対象外にされそうだが，そう簡単にあきらめるべきではない。次の2つの可能性について検討すべきである。

①　すべて人の判断が必要なのか

まず人の判断が必要なケースが全体の何割占めるかを確認してみる。もし全体の1〜2割程度に人の判断が必要なのであれば，残りの8〜9割は自動化できることを意味する。仮に半分であっても，半分自動化できれば従来よりも効率的になるのではないだろうか。

実際に筆者が支援している現場でも，RPAを簡単にあきらめているケースが多々ある。人の判断が必要という理由によるのだが，よく聞いてみると一部の例外時に人が判断しているだけであって，ほとんどの処理はルールどおりということがある。完全にルール化されている業務だけが対象と思い込んでいるようだ。

たとえば注文をメールで受け取る業務で，顧客の中にはルールどおりに書いてこない人もいるため，人が判断しているとする。しかし一部の顧客が例外なのであれば，ルールどおりのメールだけをロボットが処理し，そうでないメールを担当者へ転送するという方法もある。

このようにロボットと人が協業することをイメージすれば，自動化の可能性が広がる。100%自動化を目指すのではなく，80%くらい自動化できれば十分と考えて取り組むくらいでかまわないのだ。

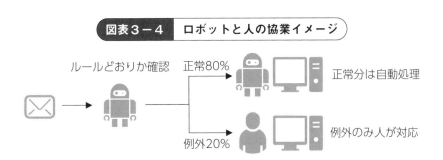

図表3－4　ロボットと人の協業イメージ

ルールどおりか確認　正常80%　　正常分は自動処理

例外20%　　例外のみ人が対応

70

② あえてルール化できないか

　現在は人が判断している業務も，今回の取組みを機にルール化できないか考えてみる。人が判断しているということは，その人の頭の中に何らかのルールがあるかもしれないからだ。

　人が判断するといっても，まったく無秩序に判断しているわけではないはずだ。ただし，本人も明確な判断基準を意識していないかもしれない。これまでの経験と勘で判断していることもある。このような経験や勘にもとづく知識のことを「暗黙知」というが，これを目に見える「形式知」に置き換えられないか検討してみるのだ。

図表３－５　暗黙知と形式知

暗黙知	形式知
主観的	客観的
経験的	理論的
アナログ的	デジタル的

　仮に現在の判断を完全に形式知にできない場合，「新しいルールに作り替える」ということも視野にいれるべきである。たとえば，従来はかなり細かな要素を勘案して判断していたものを，効率性の観点から思い切った簡略化を試みるような方法だ。「割り切る」という言い方が適切かもしれない。

　このように，まずルール化されていないものをルール化する，さらにルールを大胆にアップデートする，という２段階のアプローチによって「あえてルール化できないか」という課題にチャレンジしてみてはどうだろうか。

（6）アナログだからといってあきらめない

　ここで言うアナログとは紙の情報のことで，たとえば紙の注文書や請求書のことを指す。デジタルデータではないため，このままではRPAで処理することができない。しかし前章の転記のところで説明したとおり，紙の帳票をExcelフォームに変えたり，AI-OCRを利用したりするなど方法はいろいろあ

るため，アナログであったとしても工夫の余地はある。アナログだからといって簡単にあきらめてはならない。

　紙の帳票には，外部からくる帳票と，社内で使う帳票の2通りがある。注文書や請求書といった外部からくる帳票の対応については前章で説明したため，ここでは社内帳票のデジタル化について触れておく。

①　デジタル化の難しさ

　中小企業などでは，社内に紙の帳票があふれているところも少なくない。その場合，残念ながらRPAは活用できない。紙の多い企業は，RPAの取組みを機に，少しずつでもデジタル化を推し進めることが望ましい。

　社内でデジタル化を進めようとしても難しい理由はたくさんある。たとえば紙の資料をExcelに変えようとしても，「年配者が多いためパソコンが苦手」，「画面が小さくて仕事がやりづらい」，「手で書いたほうが早い」といった反対意見が並べられる。しかし，どれも慣れれば何とかなる課題ばかりで，むしろ慣れればメリットのほうが大きいはずである。

　実際に筆者が支援している企業で，営業が手書きで見積書を作成していたところを，Excelで作成するように変更した。年配者が多い企業であったこともあり，その変更には不満が爆発してしまった。パソコンに慣れていないため，手で書くより何倍もの時間がかかると不満を言うのだ。しかし半年ほど経って聞いてみると，今ではExcelのほうが便利だと言っている。データをコピーして使い回せるので，以前よりも効率的になったという。慣れればこういうものなのだ。

②　デジタル化の必要性

　ところで，そこまでしてデジタル化をすべきなのだろうか。そんなにメリットがあるのだろうか。

　デジタル化の目的は，印刷しないことによって用紙代やインク代を節約することではない。そうではなく，デジタルデータと比較して，紙には数多くのデメリットがあることが問題なのだ。ここを理解しなければデジタル化の必要性はわからない。紙のデメリットとは次のような点だ。

まず紙があるとファイルケースにとじたり，定期的に破棄したりするなど，余計な「管理作業」が発生する。デジタルデータの破棄はDeleteキーを押すだけだが，紙の資料はシュレッダーにかけなければならない。その差は大きいことがわかるであろう。

また紙は検索ができない。デジタルデータであれば検索機能で1秒もかからない作業が，紙だと物理的に見つけ出すのに相当時間がかかる。さらに紙の情報は再利用ができない。たとえば見積書がExcelであれば，同じような見積りの案件で，名前と日付だけ変更して再利用することができる。

そして最も重要なことは，世の中のテクノロジーを利用できない点だ。あらゆるテクノロジーはデジタルデータを前提としている。RPAもその1つだ。つまりアナログでは，今後登場してくるさまざまなテクノロジーの恩恵にあずかることができないのだ。

このような紙のデメリットをよく理解し，少しずつでもデジタル化を進める地道な努力が重要となる。今すぐに自動化できなくても，アナログだらけでもあきらめてはいけない。

図表3−6　紙の資料のデメリット

- ファイルフォルダーにまとめたり，定期的に廃棄したり余計な「管理作業」が発生する
- 検索ができない。資料が多いと見つけ出すにも一苦労する
- 情報の再利用ができない。デジタルであればコピー＆ペーストでデータを使い回せる
- あらゆるテクノロジーを利用することができない
- それ以外にも，保管場所，什器，OA機器，印刷，廃棄などに無駄なコストが発生する

（7）今やっていない業務も視野に入れる

RPAは現行業務の改善だけでなく，今やっていない新しい業務にも活用できる。正確には，本来やりたかったが今はやれていない業務をやれるようになる。たとえば納品業務において，本来は前日に納品先へ連絡を入れてスケ

ジュールを確認すべきところを多忙でできていない場合に，RPAで連絡を自動化するようなケースだ。

　このような「やれていない業務」は現行業務の検討からは出てこないため，意識的に拾い出さないといけない。具体的には「今はやっていないが，本当はやるべきこと，やりたいことは何か」という問いかけをする。そうすると，たとえば次のような要望が改善対象に入ってくる。

- データ入力を週に1度まとめてやっているが，本当は毎日やったほうがよい
- 金額の照合をやることになっているが，今は時間がなくてまったくやれていない
- 本当はセグメント別の収支管理をやりたい
- ペーパーレス化して，リモートワークができるようにしたい

　上記はあくまで一部の例であるが，これらの改善は見てわかるとおり，業務削減とは異なり，質の向上を目的とするものが多い。つまり業務効率化という視点からは出てこない改善ということがわかる。このように，今やっていない業務は検討対象からもれやすいため，もし検討のテーブルにのせるのであれば意識的に拾い上げなければならない。

2．業務効率化の取組みで明確化すべきこと

　業務効率化に着手するにあっては，PoCの実施判断を行うとともに，取組みの「目的」，「方針」，「アプローチ」，「スコープ」の4つについて明確化しなければならない。

（1）PoCの実施判断

　RPAの導入に着手する前に，RPAによる想定効果が本当に得られるのかを検証するステップを入れてもよい。これをPoC（Proof of Concept）と呼び，

RPA導入における判断材料の1つとなる。

　企業によって実施するケースと実施しないケースがあるため，取組みの早い段階でPoCの実施可否を判断しなければならない。ここではPoCの意義と実施判断の考慮点について説明する。

① PoCとは

　PoC（ピーオーシーまたはポック）とは，一般的に新しい技術，手法，アイデアなどのコンセプト（概念）に対し，実現可能かどうか，想定する効果が得られるか，想定外の問題はないか，などを確認するための「実現可能性の検証」を指す。

　RPAのケースでは，RPAの話を聞いたり，デモを見たりして効果があると理解したものの，実際に自社に当てはめてみないと確信が得られないような場合に実施する。具体的には次のような心配がある場合にPoCが役に立つ。

【技術的な視点】
- システムが非常に古いが，RPAが正常に動くだろうか
- 自社開発の特殊なシステムだが，RPAで操作できるか
- 当社の仮想環境やシンクライアントでも問題ないか実際に確認したい

【操作性の視点】
- ユーザーでも使えるというが，実際に使ってみないとわからない
- 具体的にロボットを作るひととおりの工程を確認したい
- 製品Aと製品Bの使い勝手を比較して選定したい

【効果の視点】
- どれくらいの効果が出るのか実際の業務で検証したい
- 効果があっても余計なトラブルが起きないか心配

　RPAの製品紹介のところで説明したとおり，多くのRPA製品には30〜60日間限定で使える無償評価版が提供されている。これは製品の使い勝手や機能を確認する「ツール評価」が目的だが，同時にPoCとしても利用できる。

② **実施判断の考慮点**

　まず「誰がPoCをやるか」を考えなければならない。無償評価版の利用期間は30～60日間と短いため，はじめてRPAを使う人がゼロから勉強しながら進めていては，おそらく期間内にPoCが終わらない。また上記の技術的な視点を確認するには，ある程度のITスキルが必要となる。技術的な動作確認をとるために，どのような作業が必要かなど未経験者ではまずわからない。

　システムに詳しい人が社内にいる場合は自分たちだけでもできるかもしれない。しかし，そうでない場合は外部にお願いするしかない。RPAを取り扱うシステムベンダーやコンサルティングファームが有償のPoCサービスを提供している。

　PoCのデメリットも理解しておくべきだ。まずPoCというステップを入れると，当然のことながら時間が余計にかかる。準備も含めると３カ月くらいはかかると見ておいたほうがよい。またPoCを外部に委託すると費用も余計にかかる。

　いくつかデメリットはあるが，いずれにしても導入を慎重に検討したい場合は，PoCを選択肢の１つとして検討してみる価値がある。

（2）取組みの目的を明確化する

　「業務効率化」と「業務改善」は少し意味合いが異なる。業務効率化というと，業務量を削減することが目的になるが，それ以外の改善は無視していいの

図表３－７　業務改善のQCD

	目的	主な内容
Q Quality（品質）	品質の向上	●ミス，エラーをなくす ●顧客満足度を高める
C Cost（コスト）	コストの削減	●人件費を減らす ●経費を減らす
D Delivery（納期）	納期の短縮	●納期を遵守する ●スピードを高める

か明確にする必要がある。

　業務改善の目的として一般的に「QCD」が使われるが，RPA導入でも同じことが言える。**図表３－７**はQCDの概念を示しているが，業務改善にはコストの削減以外にも，品質の向上や納期の短縮といった目的も考えられる。たとえばRPAによってミスをなくすことは，ミス発生による作業を削減したいというよりも，顧客とのトラブルを減らしたいことが目的の場合もある。

　このように取組みの主目的を明確にする必要があるが，そのためにはRPAによる業務改善の期待効果をコスト削減以外も含めて理解しなければならない。ここではQCDの観点でRPAの期待効果について説明する。

①　品質の向上

　RPAによってヒューマンエラーをなくしたいという要望は多い。RPAを導入すると業務量が削減され，同時にヒューマンエラーもなくなることが多いため，エラーをなくすことが「ついで」になりがちだが，業務量の削減とは無関係にエラーを削減したい業務もあるかもしれない。もし業務量の削減だけを対象に自動化を進めると，エラーをなくしたい業務が抜け落ちる可能性があるので注意が必要だ。

　また顧客満足度を向上させる施策は，コスト削減の取組みからは出てこない。たとえば「メール連絡の自動化」によって，注文の受領メールや納期確定の連絡メールを自動送信するようにした場合，これまで行っていなかった作業を追加することになるため，コスト削減には寄与しないが，顧客満足度を高める効果はある。RPAの提供価値の１つには，費用をあまりかけずに顧客満足度を高めることもある。

②　コストの削減

　人の作業をロボットに代替させることは人件費を削減する効果が当然ある。一方，見過ごされがちなのが「経費の削減」だ。たとえばRPA導入に伴って紙ベースの作業をペーパーレス化したとしよう。これにより印刷代，用紙代，保管場所の費用が削減される。このように作業の削減だけでなく，経費の削減も視野に入れるべきである。

③　納期の短縮

　あるメーカーは，納期を遵守できない問題に困っていた。理由は，調達部品の納入が遅れることにより，自社の製造工程にも遅れが生じ，結果的に自社の納品が期日に間に合わないためであった。そこで部品納入業者に対して，納期の数日前にリマインドメールを自動送信する仕組みを取り入れ，自社の納期遵守を劇的に改善することができた。

　この事例はコスト削減とは異なり，納期遵守を目的とした取組みだ。効率化の「ついで」に発生した副産物ではない。同じように朝一番にロボットから最新のレポートが送られてくるような仕組みも，朝の貴重な1時間を短縮する施策である。このような取組みも作業量の削減という視点からは出てこない改善であり，業務課題を出発点とした施策である。

　このようにRPAによる改善効果はコスト削減だけではないことがわかる。もちろんRPAの第一の価値が業務効率化にあることは間違いないため，取組みテーマを業務効率化とするほうが主目的をはっきりさせることができる。ただ，それだけにとらわれすぎると貴重な改善機会を見過ごすことになりかねないため注意が必要だ。

　また企業によっては取組みの第一の目的がミスの削減であったり，時間の短縮であったりするかもしれない。したがって，業務改善のねらいを改めてよく整理した上で，取組みの目的を明確化しなければいけない。

（3）取組みの方針を明確化する

　取組みの方針とは，「RPAを前提」として効率化をするのか，「RPAにこだわらず」に抜本的な改革をするのかといった考え方のことである。この方針によって，検討方法が変わってくるためだ。

　もしRPAを前提として効率化を目指すのであれば，RPAの適用パターンを参考に効率化できる業務を洗い出すことになる。しかしRPAにこだわらないのであれば，RPAの適用パターンとは関係なく，すべての業務課題を洗い出さなければならない。つまり検討方法が変わる。また方針によって「実現の難易度」も大きく変わってくる。

それぞれの方針にはメリットとデメリットがあるため，ここでは①RPAを前提とした効率化，②RPAを前提としない抜本的改革，③RPAプラス α のハイブリッド型の３つの方針に分けて説明する。

①　RPAを前提とした効率化

この方針は，悪い言い方をすると「RPAありき」で進める方法だ。RPAで効率化できる業務は，これまで説明してきたとおり特徴がはっきりしているため，RPAの適用パターンを参考にして自社で効率化できそうな業務を洗い出せばよい。また適用方法もある程度はっきりしているため，新しい業務のデザインも比較的簡単にできるはずだ。

この方針のメリットは即効性だ。手段がRPAと決まっているため，短期間に効率化を実現できる。一方，デメリットとしては，抜本的な改善とはならず，RPAによる改善のみに効果が限定されてしまう点だ。RPA以外にもっと良い実現方法もあるかもしれないし，RPAと関係のないところに改善機会が存在するかもしれないからだ。

たとえば交通費精算の業務にRPAを導入して，申請書のチェックをロボットで自動化する改善案を考えたとする。しかし交通費精算業務を「アウトソース」したほうが本当はもっと効率的かもしれない。あるいは交通費精算に特化した「クラウドサービス」を利用するという方法もあるだろう。このようにRPA以外の手段を含めて業務を抜本的に見直すという発想は，RPAありきの取組みからは出てこない。

②　RPAを前提としない抜本的改革

抜本的に業務を見直すということは，RPAの活用は視野に入れるものの，それ以外の実現手段についても検討することを意味する。交通費精算の例のように，RPAによる自動化を案１とした場合，案２や案３も検討することになる。

この方針のメリットは改善の大きさだ。RPAの改善効果を仮に１とすると，２や３の改善効果を目指す方法となる。一方，デメリットは「時間」と「難易度」だ。案２，案３まで検討するとなると，当然のことながら２倍，３倍の時間がかかる。また検討の難易度も一気に高くなる。RPAだけであれば，ある

程度の学習で必要なスキルを習得できるが，RPA以外のあらゆる解決手段を視野に入れるとなると，もはや学習のレベルでは対応できない。もちろん解決手段の内容にもよるが，常識的に考えて相当の時間をかけて調査するか，専門家に相談するしかない。少なくともRPAのように現場主導型で取り組むことは難しくなる。

③ RPAプラスαのハイブリッド型

この方針は，基本的にRPAによる効率化を中心に検討をするが，その検討過程で出てきた改善機会は積極的に取り込むという考え方だ。①と②のハイブリッドのような位置づけとなる。

実際にRPA導入の検討をしていると，ついでに改善したくなる課題がよく見つかる。現行業務を棚卸し，業務フローや課題を「見える化」していくと，自動化以外の課題が明らかになってしまうのだ。たとえば，筆者が現行業務のヒアリングを行っている中で「この資料は何のために作っているのか？」と聞くと，担当者は「決められているので作っている。何のためかは知らない」といった回答がよくある。そこで確認してみると，実は誰も利用していない資料であったりする。担当者は自分の作業はわかっているが，周りの作業まではわかっていない。周りの人も担当者がやっている細かな作業までわかっていない。ところがRPA導入の過程で業務フローが可視化されると，周りの人がいろんなことに気づいてしまう。そこで改善案が生れる。

こうして出てきた改善案はRPAに関係ないものも多いが，RPA導入と併せて実施したほうが効果的だ。これがまさにRPAプラスαの考え方である。まったくの偶然に見つかる改善だけを拾うのではなく，積極的にプラスαの改善を考えるのだ。だからといって抜本的な改革案を検討するところまでは行かない。メインはあくまでRPAであり，そこからあまりにも遠くへ行ってしまうと，RPAの検討自体がおろそかになってしまうからだ。

ここまで3つの方針について説明してきたが，実際にはハイブリッド型（RPAプラスα）が最も現実的と思われる。いずれにしても，取組みの方針は初期段階で明確化しておくべきである。メンバーによって認識にばらつきがあ

ると，ある人はRPAだけしか考えず，ある人は抜本的な改革を目指してしまい，改善案がまとまらなくなってしまう。

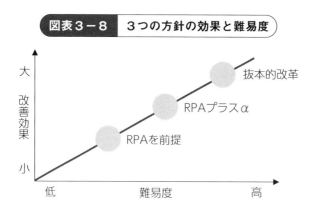

図表3−8　3つの方針の効果と難易度

（4）取組みのアプローチを決定する

RPA導入のアプローチは，「できるところからやってみる」という方法と，全体の改善機会を洗い出し，「投資対効果を算定」してから実行に移すという方法に大きく分かれる。これはRPA導入を決めているか，決めかねているかに強く依存する。もし投資対効果によって導入可否を決定するような場合，つまり導入を決めかねている場合は，意思決定のために投資対効果を算定する必要がある。

①　できるところからやってみるアプローチ

このアプローチはRPA導入を決定している場合にとることができる。すでに導入を決めているため，投資対効果の算定に時間を使うよりは，できるところから導入を進めたほうが早く効果を刈り取れるという考え方だ。

このアプローチのメリットはスピード感だ。あれこれ事前に考えるよりも，「走りながら考える」というようなアプローチだ。スピード重視の企業であれば，このアプローチが適している。

一方，優先順位をつけていないため，本当に効果を早く刈り取っているかど

うかわからない。全体の優先順位づけを行った上で，効果の高いほうから攻め
ていったほうが結果的には早く成果を得ることができるかもしれない。また投
資対効果を算定していないため，どれだけの効果が出るのかわからないまま進
めることになる。もし導入コストの妥当性を追及されたりすると，困ることに
なるかもしれない。

②　全体の投資対効果を算定するアプローチ

　小さな会社や小さな部門では，本当にRPAの投資対効果が出るかわからな
い場合がある。大企業であればロボットの1体分や2体分の業務量は十分にあ
るため，とりあえず1体を導入することに躊躇はないだろう。しかし業務量が
あまり多くない企業にとっては，ロボット1体分の費用を上回る業務削減が可
能かどうかわからない。このような場合は，全体の改善機会を洗い出し，投資
対効果を算定した上で，導入の意思決定をすることになる。

　投資対効果の算定というと，すごく手間と時間がかかるように思うかもしれ
ないが，何億円もの投資をするわけではないので簡易的に行えばよい。投資対
効果算定の詳細は後述するが，「だいたいどれくらいの作業が削減できそうか」
を推定するだけである。

　具体的には**図表3－9**のような5つのステップで行う。まず自社の定形業務
を洗い出し，一覧表にまとめる。各業務に現在かかっている時間を記入する。
つまり「自動化前の時間」だ。次に自動化された新しい業務をイメージして
「自動化後の時間」を記入する。だいたいでかまわない。どうしてもわからな
ければ「半分」としてもよい。自動化前後の差分を効果とし，それらを合算し
て全体の効果とする。

図表3－9　簡易的な投資対効果の算定ステップ

Step-1	Step-2	Step-3	Step-4	Step-5
定形業務を洗い出し一覧化する	現在かかっている時間を記入する	RPAによる自動化のイメージを想定する	自動化後の想定時間を記入する	自動化前後の差分を効果とし合算する

82

　仮に全体の効果がRPA費用の３倍くらいあれば，十分に意思決定できるであろう。逆に，もし費用と効果が同じぐらいであれば，導入効果がほとんど期待できないことがわかる。

　このアプローチのメリットは，投資対効果による合理的な意思決定ができることであり，結果的に適切な優先順位づけもできることだ。また導入に関する説明責任も果たすことができるだろう。一方，デメリットとしては，初期に時間がかかってしまうことだ。ただし投資対効果がなければ導入の意思決定ができない状況では，しっかり時間をかけることに意味はある。

（5）取組みのスコープを決定する

　取組みのスコープとは，RPA導入の「対象範囲」のことを指す。たとえば**図表３−10**のように，「経理部門」といった部署単位であったり，「管理部門」といった本部単位であったり，あるいは「全社」であったりする。いずれにしても「どこを対象範囲として取り組むか」を決めなければならない。

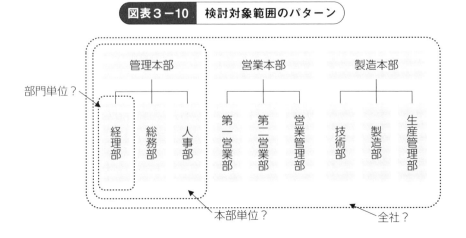

図表３−10　検討対象範囲のパターン

　またスコープにおける展開方法も決めなければならない。どのようなスコープであっても，すべての改善を同時に進めることはできないため，何らかの優先順位にもとづいて順次展開することになる。一般的には「小さく始めて大き

く育てる」という方法をとるが，最初から大きく始める企業もある。たとえば第1章で紹介した日本通運のケースは，かなり大きく始めた例と言える。

　ここでは小さく始める展開方法（スモールスタート）と大きく始める展開方法（ビッグスタート）の2つに分け，それぞれのメリットとデメリットを比較する。

① スモールスタート

　スモールスタートとは，小さく始めて，状況を見ながら徐々に大きく展開する方法である。**図表3－11**は，取組みのスコープを「管理本部」とした例だが，まずは1つの部署（ここでは経理部）を検討対象として，小さくスタートするイメージだ。そして経理部が終わったら，総務部，人事部へと展開していく。慣れてくれば展開の規模を大きくしてもよい。

図表3－11　スモールスタート

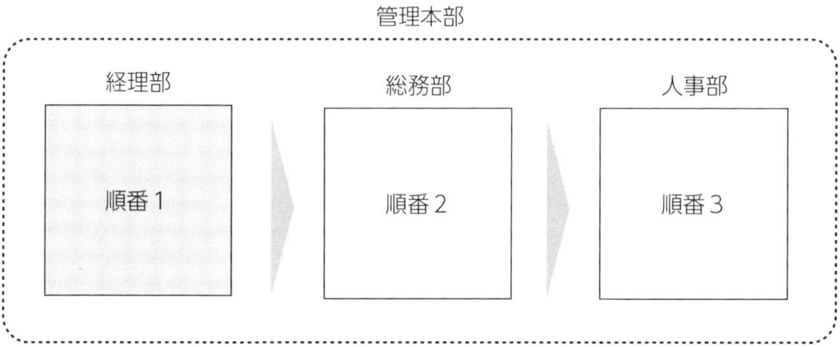

管理本部

経理部	総務部	人事部
順番1	順番2	順番3

　1つの部署であっても多くの改善を同時にはできないため，部署の中でも順番に展開する必要がある。**図表3－12**の例では，まず優先度1として改善a〜cを実行し，次に優先度2，優先度3と順次展開していくイメージだ。

　スモールスタートのメリットは，まずリスクを小さくできる点だ。小さく始めると仮にうまくいかなかった場合でも損害は少ない。うまくいくことが確認できれば広げればよいだけだ。またスタートも容易にできる。関係者も少ない

84

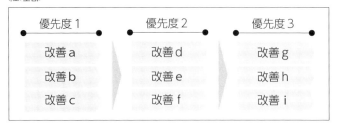

図表3－12　改善の展開イメージ

経理部

優先度1	優先度2	優先度3
改善a	改善d	改善g
改善b	改善e	改善h
改善c	改善f	改善i

であろうし，必要な費用も小さいからだ。さらに重要なことは，スキルを横展開できることだ。たとえば初期の部署で実施した経験を次の部署で活用することができる。初期のメンバーが他部署の改善活動を続ける必要まではないが，一定のサポートぐらいはできるはずだ。

　デメリットとしては，改善に時間がかかることである。取組みを少しずつ進めるということは，当然のことながら時間も長くかかってしまう。

図表3－13　スモールスタートのメリットとデメリット

メリット	デメリット
●失敗時のリスク，損失が小さい ●簡単にスタートできる ●初期の経験を次に活かせる	●改善に時間がかかる ●改善効果が小さい

② 　ビッグスタート

　一方，最初から全社を対象とした取組みも考えられる。**図表3－14**のように複数の部署を対象として同時並行で進めていくイメージだ。

　ビッグスタートのメリットは，展開の早さと大きさだ。全社改革といった大規模な取組みとなる。改善効果も大きいであろうし，効果の刈取りも早いはずだ。一方，デメリットとしては，比較的リスクが高いことだ。スモールスタートとは逆で，投入する費用やリソースが大きくなるため，うまくいかなかった場合の損害は大きくなる。また全部署が未経験の状態から始めるとなると，ス

図表３−14　ビッグスタート

	優先度1	優先度2	優先度3
経理部	改善	改善	改善
総務部	改善	改善	改善
人事部	改善	改善	改善
営業管理部	改善	改善	改善
生産管理部	改善	改善	改善
：	：	：	：

モールスタートに比べて失敗するリスクも高くなる。

　大規模な取組みの場合は体制もしっかり整えなければならない。もしビッグスタートを選択するのであれば，全体を管理する専門チーム（事務局）が必要となる。各部署の取組みがストップしないように，専門チームが中心となって改善の進め方やRPAの技術をサポートすべきである。また社内に大規模プロジェクトの推進経験やRPAのスキルが不足している場合は，外部の専門家にサポートしてもらうことも検討すべきであろう。

　以上，スモールスタートとビッグスタートについて説明したが，それぞれメリットとデメリットがあるため，自社に合った展開方法を選択すればよい。

　スモールスタートとビッグスタートの中間くらいの折衷案という選択肢もある。事例では大企業が大規模なRPA導入を行っているニュースが目につくが，それでも最初から全社導入ということではなく，ある程度検討対象に優先順位をつけ，メリハリをつけて進めているのが現実である。そう考えると，まず2〜3の部署を対象とするのか，あるいは1つの本部を対象にスタートするのか，といったぐらいのスコープが妥当ではないだろうか。

3．推進体制の考え方とポイント

　取組みで考えなければいけないのが推進体制の問題だ。この体制をどうするかについては，主に2つの論点がある。第一の論点は，社内だけで進めるか，外部ベンダーに委託するかという点である。そして第二は，専門チームを作るか，現場主導で進めるかという点だ。

（1）社内だけで進めるか，外部ベンダーに委託するか

　RPAはエンジニアでなくても開発できるため，社内の一般ユーザーだけで取組みを進めることは可能である。また社内に情報システム部門があったり，システムに詳しい人がいたりすれば，より簡単に進められる。

　一方，社内の人材だけでは難しい場合もある。社内にIT人材が乏しい場合や，取組みに時間を割ける人的リソースが不足している場合は，外部ベンダーに委託するほうが早いかもしれない。それぞれメリットとデメリットがあるため，ここでは社内，社外の人材を含めた体制作りについて論点を整理する。

①　社内だけで進める

　まず，そもそも本当に誰でもRPAを使いこなせるのだろうか。これは「人による」というのが答だ。パソコンが苦手で，Excelの基本的な機能を使いこなせない人は，おそらくRPAも使いこなせない。少なくともExcelよりは難易度が高いからだ。

　一方，RPAの知識はなくてもパソコンは得意で，普段からExcelなどを使いこなしている人は，勉強すればRPAも使えるようになる。その場合でも，それなりに勉強しなければ使えるようにはならない。

　では，どれくらい勉強が必要だろうか。RPAのトレーニング本は数多く市販されているので，「はじめてのRPA…」といったタイトルの入門書を1冊じっくり学習すれば，簡単な開発はできるようになる。あるいは2日間くらいのハンズオントレーニングを受講しても，同程度の学習効果がある。その後は

実践で学んでいく。わからないことがあればWebにいくらでも情報があるので，「調べながら進める」ことになる。このように社内で進めると，最初はいろいろと失敗もするかもしれないが，根気よく続ければRPAを使いこなせるようになる。

　社内だけで進めることのメリットは，まず追加費用がかからないことだ。また社内にRPAのスキルが蓄積されるため，費用をかけずに幅広い領域へ展開することが可能となる。

　一方，デメリットとしては，まず実現に時間がかかることだ。ゼロから勉強して進めるため，当然のことながら実現までの時間は長くなる。また品質もプロと比較すれば低くなる。実はこちらのほうが問題なのだ。品質の低いロボットとは，すぐRPAが止まる，うまく動作しないことがあるが原因がわからない，処理にものすごい時間がかかる，というような現象として現れる。これは設計スキルの問題で，RPAの操作スキルとは別の問題がある。

　システムの設計では，正常ルートと異常ルートを想定しなければならない。何か処理に異常が発生したとしても，異常状態がわかるようにエラーを表示したり，原因を特定するためのログをはき出したりしなければいけない。たとえば使用するファイル名が間違っていてロボットがファイルを開けなかった場合，「ファイル名に誤りがあります」とエラーを表示してくれないと，なぜ止まったのかがわからず，対応ができない。

　このように，システムを組むときにはあらゆる異常事態を想定し，エラーを表示するなど適切な処理を設計しておかなければならない。つまり一定の「設計スキル」が求められる。ではどうすればいいのか。これも時間をかければ，試行錯誤の中で人は学習していく。実践でRPAが止まってしまったら，「このような異常が発生することがわかったので，エラーが表示されるように修正し

図表3−15　社内だけで進めるメリット・デメリット

メリット	デメリット
● 追加費用がかからない ● ノウハウが社内に残る	● 実現に時間がかかる ● プロに比べて品質は劣る

よう」と学ぶことができる。慣れてくれば，どのような異常が起こり得るか想定できるようになり，最初から正しい設計ができるようになる。ただ問題は，これも時間がかかるということだ。

② 外部ベンダーに委託する

　従来のシステム開発は外部ベンダーに委託することが一般的であった。これと同じようにRPAの開発も外部ベンダーに委託することが可能だ。実際に外部ベンダーを活用しているケースは非常に多く，大企業であれば大半が外部リソースを利用しているはずだ。実際に第1章で紹介した三井住友フィナンシャルグループのケースでは，大手コンサルティングファームから約150人のコンサルタントを派遣してもらい，大規模なRPA導入を進めたという。

　外部ベンダーを活用することは「時間をお金で買う」というイメージだ。時間をたっぷりかければ社内だけでも導入は可能であろうが，業務効率化は早く実現したほうがその分だけ効果も早く刈り取れる。また大規模な改善のほうが刈り取れる効果も当然大きい。

　外部ベンダーに委託することのメリットは，そのスピードと規模だ。社内でコツコツ勉強しながら進めるよりも，RPAの経験者を外から持ってきたほうが効率化のスピードは圧倒的に早い。また社内の人には本業があるため，取組みに割ける時間も限られるが，外部からフルタイムで活動できるリソースを持ってくれば大規模な改善も可能となる。また品質面でもプロの品質に仕上がるはずなので，失敗を許容できないような業務は専門家に任せたほうが賢い。

　デメリットは追加費用がかかる点だ。追加費用をかけても，それを上回る効果が見込めることが前提条件となる。ただし社内で実施したほうが安いかどうかはわからない。未経験者が1年かかる仕事を専門家は1カ月でできるかもしれないからだ。社内といっても人件費はかかっているため，ここは社内のスキルレベルを勘案して判断しなければならない。

　またRPAのノウハウが社内に残りづらい点もデメリットだ。取組みの経験は外部ベンダーに蓄積されてしまうからだ。ただし長期的に外部ベンダーを使い続けるのであれば問題はない。社内にノウハウを残す必要はなく，必要であれば，また外部の支援を受ければよい。

　3つ目のデメリットは，現場主導の改善が阻害されることだ。RPAのメリットは，一般ユーザーがロボットを自分で開発できることである。自分でロボットを修正したり，新しい改善を行ったりするなど，自動化を現場主導で行える点である。しかし外部ベンダーに任せると，RPAも従来のシステムと同じように，修正に時間と費用がかかってしまう。つまりRPAのメリットの1つをあきらめることになる。

図表3−16　外部ベンダーに委託するメリット・デメリット

メリット	デメリット
● 改善を早く実現できる ● 大規模な効率化が期待できる ● プロの品質を期待できる	● 追加費用がかかる ● ノウハウが社内に残らない ● 現場主導の改善が阻害される

③　必要最低限の支援だけ外部ベンダーから受ける

　社内だけで進める方法と外部ベンダーに委託する方法は，それぞれメリットとデメリットがあり，自社の状況に合った方法を選択する必要があるが，第3の道は最低限の支援だけを外部ベンダーにお願いする方法だ。①と②の中間のような位置づけだ。外部ベンダーによる支援内容は，技術的なサポートと業務改善のサポートの大きく分けて2つある。

ａ．技術的なサポート

　社内だけで進めるのには不安があるものの，外部ベンダーに委託するほどの費用もかけたくない場合，技術的な支援だけを外部ベンダーに頼る方法がある。具体的には，外部の専門家に「コーチ」として参画してもらい，社内の人材育成やアドバイスしてもらうイメージだ。技術的なサポートには一般的に次のような支援内容がある。

【RPAの技術的なコーチ】
　　● RPAの操作方法に関する社内トレーニングを実施する

- 「見本」として最初のプロトタイプを作成する
- 社員のロボット開発に対して，困った時の技術的なサポートを行う
- 社員の作成したロボットをレビューし，設計や運用などのアドバイスを行う
- RPAが突然停止した場合などに緊急対応を行う

　これらの中で特に重要なのが「見本」を作るところだ。見本があれば未経験者でも，最初からかなり品質の高いロボットを作ることができる。見本を見れば「正しい設計」というものが具体的に理解できる。逆に言えば未経験者が見本もなしにロボットの開発をすると，まともな品質になるはずはなく，どうすれば品質が改善できるかさえもおそらくわからない。

　外部の専門家はあくまでアドバイザーであり，実際に作業をするのは社員である。専門家は企業へのナレッジトランスファー（知識移転）が役割であり，人材育成が目的だ。したがって一定のコーチング期間が終われば役割終了となり，後は社内だけで引き続き業務改善を進めていく。

　b．業務改善のサポート

　技術的なサポートの前に，業務改善の取組み自体にサポートが必要な場合もある。特に取組みの初期段階で業務分析を行ったり，投資対効果を算定したりする作業は専門家に依頼したほうが確実かもしれない。ただし，すべてを外部ベンダーに委託するのではなく，初期の立ち上げだけを支援してもらい，実際の導入は社内中心で行うイメージだ。もちろん技術的なサポートと組み合わせてもよい。

　業務改善のサポートとしては，次のような内容がある。

【業務改善のサポート】
- 業務の棚卸しを行い，RPAによる改善機会を洗い出す
- 改善案の検討に加わり，アドバイスする
- 簡易的な投資対効果を算定する
- RPA製品の選定をサポートする

- プロジェクトの体制作りや進め方のアドバイスを行う
- RPAによる新業務の設計をサポートする

　RPAによる改善機会の洗出しなどは，RPAの知識がなければ改善できるかどうかの判断がつきづらい。それ以外の項目についても，専門家の支援があったほうが効果的に進めることができる。このように社内で足りないリソースだけを外部から調達するという考え方で，費用と効果のバランスをとることが可能となる。

　ここまで，社内だけで進める方法から外部の活用まで3つの方法を説明したが，いずれにしても企業の状況によるため，①〜③のメリットとデメリットを勘案して，自社のベストミックスを選択すべきである。

（2）専門チームを作るか，現場主導で進めるか

　推進体制に関する2つ目の論点が専門チームを作るか，現場主導で進めるかということだ。「専門チームを作る」とは，業務効率化を推進する専門部隊を立ち上げ，ここが司令塔となって全社の取組みをリードする方法だ。「現場主導で進める」とは，取組みを各部門の主体性に任せ，現場が自発的に進めていく方法である。

①　専門チームを作る

　専門チームを作った場合は，**図表3−17**のように大きく分けて2つの展開方法がある。1つは図表左側のように，専門チームが複数の部門を同時に支援する「同時並行型」だ。大規模なRPA導入プロジェクトでは，よく採用される体制である。もう1つは図表右側で，専門チームが部門を1つひとつ回って進める「順次展開型」である。部門Aの改善が完了したら部門Bの改善に着手するというイメージだ。いずれのパターンも専門チームが全社の業務改善を管理する。

　専門チームを作るメリットは，まず取組みを全社として進める「推進力」にある。現場に任せると，現場の主体性や都合によって進み具合が変わってくる。

図表3－17　専門チームによる主導

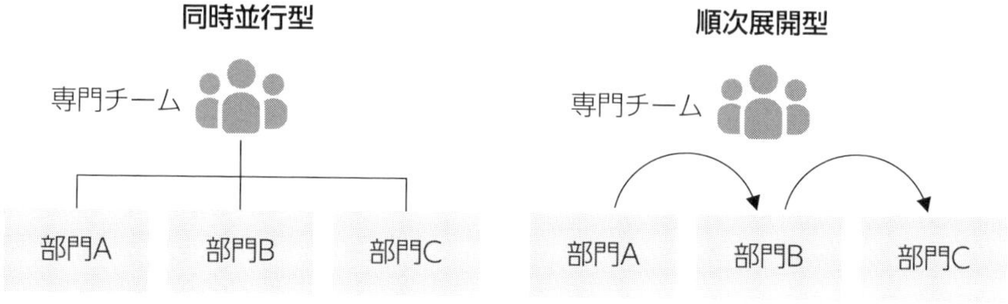

同時並行型

専門チーム

部門A　部門B　部門C

順次展開型

専門チーム

部門A　部門B　部門C

現場の人たちは本業を持っているため，本業が忙しくなると取組みが後回しにされかねない。しかし専門チームは，取組みを推進することが本業のため，当然のことながら前へ進みやすくなる。

また専門チームにRPAのノウハウが蓄積されるため，高いスキルレベルを全社として共有することができる。「社内専門家」のような位置づけだ。社内専門家が各部門をサポートすれば，現場にとってもありがたいはずだ。各部門が中途半端にスキルを抱えるより，1カ所にスキルを集中したほうが専門性は高まるであろうし，その高いスキルを全社で共有することは全社最適の観点で効果的である。

一方，企業の状況によっては課題も出てくる。まず専門チームを作るだけの人的余裕があるかどうかだ。また専門チームの役割を果たせるケイパビリティを持つ人が社内にいるかどうかという点もある。さらに取組みの規模も関係してくる。専門チームを立ち上げるからには，それなりの効果が見込めなければならないだろうし，取組みも長期的でなければ社内専門家を育てた意味がなくなる。

②　現場主導で進める

現場主導とは，各部門が主体的に業務改善を行う体制だ。日本の歴史のある製造業では，現場が主体となって改善活動を行っている企業も多い。現場主導が当たり前となっている企業では，そのままRPA導入も現場主導のほうがなじむ可能性が高い。ただし，従来の業務改善とRPA導入は必要なスキルが異

なるため，技術的に可能かどうかという問題は検討したほうがよい。

　現場主導の場合は，各部門でリーダーを決めて推進体制をつくる。部門の中にRPA担当を置き，業務改善の推進役を担う。また誰か1人RPAに詳しい人が部門内にいると，業務改善もスムーズに進むはずである。RPA担当が勉強するか，パソコンが得意な若手に担当してもらうのがよいであろう。

　現場主導で進めるメリットは，責任の主体が現場にあるところだ。専門チームがリードする場合，現場の人たちは協力しているような立場になるが，現場主導の場合は，自分たちが推進者であって，外部のサポートを受けたとしても責任の主体は現場に残る。「他人ごと」ではなく「自分ごと」として改善に取り組むことになる。つまり責任感の持ち方が変わってくるわけだ。

　またRPAのノウハウも各部門に蓄積される。専門チームを作った場合は，ノウハウが専門チームのほうに蓄積されるため，各部門は積極的にノウハウを獲得しようとはしないだろう。何かあれば専門チームに聞けばいいからだ。しかし，現場主導で進める場合は，「RPAのスキルは自分たちで育成，保持しなければならない」となり，責任をもって対応せざるをえない。実はこれが非常に重要なことなのだ。そもそもRPAの特徴は，現場の一般ユーザーが自分でロボットを開発し，修正し，改善できるところにある。したがって，RPAのノウハウは現場になければならない。もっといえば，主体性も現場になければならない。つまりRPAの特徴を最大限に活かそうとするならば，現場主導で進めることがベストとなる。

　問題は「現場主導で可能なのか」という点だ。現場主導は理想的であるが，現実的に実現不可能であったらどうしようもない。これは現場のITスキルのレベル，人的リソースの空き状況，現場の主体性に依存する。これらに問題がある場合は，無理に現場主導で進めたとしても，おそらく取組みは頓挫してし

図表3−18　現場主導のメリットとデメリット

メリット	デメリット
●責任の主体が現場に残る ●ノウハウが各部門に蓄積される ●追加費用がかからない	●現場のITスキルが弱いと進まない ●それなりの人的リソースが必要 ●本業優先で改善が後回しにされがち

まう。

　ここまで外部の専門家を活用するかどうか，専門チームを作るべきかどうかについて論じてきたが，自社の状況によっては組み合わせも考えてみたほうがよい。たとえば，「取組み自体は現場主導で進めるが，技術的サポートは外部を活用する」という組み合わせが考えられる。あるいは，「専門チームは作るが一定期間の後にチームは解散し，責任の主体は現場に残す」という時間軸での組み合わせも考えられる。

■第4章

業務効率化
プロジェクトの進め方

　RPAによる業務効率化プロジェクトの基本的な進め方は，**図表4－1**のとおりである。この図表ではフルスペックの作業内容を表しているが，必要に応じて簡略化してもかまわない。

図表4－1　RPAによる業務効率化のステップ

	作業ステップ	作業内容
Step-1	PoCの実施	・PoC対象業務の選定 ・PoCの実施，評価（RPA製品の選定）
Step-2	基本方針の設定	・目的，方針，スコープ，アプローチ，体制の決定 ・マスタープランの策定
Step-3	定型業務の洗い出しと課題抽出	・定型業務の洗い出しと課題の抽出 ・現行業務以外の課題，要望の洗い出し
Step-4	改善案（概要）の策定と効果算定	・RPAを活用した改善案（概要）の策定 ・各改善案の効果算定
Step-5	投資対効果の評価と優先順位づけ	・全体の投資対効果の評価，実施判断 ・改善案の優先順位づけ，実行計画策定
Step-6	改善案の実行	・改善案の詳細検討 ・RPAの設計，開発，テスト，導入
Step-7	運用と継続的改善	・RPAの本番運用，保守 ・継続的改善

　たとえばStep-1のPoCはオプションであり，慎重に進めたい場合のみ実施すればよい。また第3章で説明した「できるところからやってみる」というアプローチをとる場合は，おそらく効果算定や優先順位づけは不要となるため，さらに簡略化できるはずだ。しかし，1つひとつのステップには重要な意味があり，簡略化するにしても理解はしておく必要がある。したがって，全体をまず理解した上で，自社に合うかたちにカスタマイズしたほうがよい。

1．Step-1：PoCの実施

　PoCはRPAの効果や操作性などを確認する「実現可能性の検証」を指し，RPAのプロトタイプを実際に作成してみる作業である。

　PoCはRPA製品の無償評価期間を利用して短期間に試験導入を行うため，一般的に外部ベンダーに委託して実施する。もちろん社内でPoCを行ってもかまわない。

（1）PoCの進め方

　一般的なPoCの進め方は**図表4−2**のとおりだ。

図表4−2　PoCの作業ステップ

検証目的の明確化　対象業務の選定　業務分析・設計　RPAの環境構築　開発・テスト・導入　PoCの評価・検証

　重要なステップは「検証目的の明確化」のところだ。PoCの目的は効果の検証だけでなく，技術的な確認や操作性の確認も行うことが多い。また複数の製品を比較検討するような「ツール選定」を目的とする場合もある。何となく「とりあえずやってみよう」と始めてしまうと，せっかくPoCを実施しても意

味のある結論が導き出せない。事前に検証目的をよく検討し，明確化しておくことが重要だ。

（2）PoCの落とし穴

PoCでよくある問題が，「何をもって次に進めるか」という基準を持たずに実施してしまうことだ。PoCはあくまで「次へ進めるか，進めないか」を決めるための事前調査であり，PoCを実施したからには，その結論が出るはずだ。しかし，実際にPoCは実施したものの，それだけで終わってしまうケースが実はかなり多い。

これを業界では「PoCだおれ」と呼ぶ。これは，あたかもPoCの実施自体が目的のようになってしまい，肝心なネクストステップが決まらない事態を指す。「進めない」という結論が出たのではない。何も結論が出ないのだ。結論が出ないのであればPoCなど最初からやらないほうがよかったであろう。

このようなPoCだおれは，次に進めるための基準を事前に決めていなかったために起こる事象だ。時間とお金を無駄にしないためには，PoCの「目的」と「判断基準」を事前に明確化しておくことが重要だ。

（3）対象業務の選び方

PoCでかなり悩むのが対象業務の選定方法である。一義的にはPoCの目的に最も合致する業務を選ぶことである。たとえば自社の古いシステムでの動作確認が目的の場合は，その古いシステムを使っている業務が対象になる。しかし，目的に合致する業務が複数ある場合は，何らかの考え方をもって選定しなければならない。代表的な例として次のような基準がある。

図表4-3　PoC対象業務の選定基準

基準	考え方
簡単な業務	クイックにPoCを行い，スピード感をもって進めたい
難しい業務	この業務を突破できれば，ほかは簡単にできるはずだ
横展開できる業務	類似業務に幅広く展開できる
効果の高い業務	PoCといえども効果を刈り取りたい

98

選定基準はほかにも数多く考えられ，企業によっては10個以上もの基準を設けているケースもある。しかし，よく見ると同じような基準で重複しているものもあったりするため，あまり複雑にしすぎないほうがよい。

いくつかの観点で総合的に評価をするのであれば，**図表４－４**のような評価表を作成し，対象業務を選定する方法もある。

図表４－４　PoC対象業務の選定評価表

	横展開の可能性	効果の大きさ	対応の緊急性	担当者の空き具合	担当者の意欲	総合評価
業務A	○	△	○	△	○	○
業務B	△	○	△	○	○	○
業務C	○	○	×	△	△	△
業務D	○	○	○	○	○	◎
業務E	△	○	○	×	△	△

なおPoCで検証する対象業務は必ずしも１つではなく，２～３つの業務を対象とすることも多い。検証目的が複数の業務にまたがる場合には，検証対象の業務も複数必要になる。

ところでPoCで効果を刈り取ろうとするのはあまり本質的ではない。効果の刈り取りは本格導入の部分であり，PoCは実現性検証が目的だからだ。しかし副次的に「効果もついでに刈り取る」という考えはかまわないだろう。

（４）PoCの評価・検証

最終的にPoCを評価し，検証結果にもとづいて実施可否の意思決定を行う。期待どおりの結果が出れば実行に移すわけだが，PoCだおれに終わらないように「何を検証するのか」，「何をもってよしとするか」を事前に合意しておくことがポイントだ。

2．Step-2：基本方針の設定

　基本方針の設定では，プロジェクトの目的，方針，スコープ，アプローチ，推進体制を決定する。これらの論点については第3章で説明したが，ここでは具体的な基本方針の設定方法を説明する。

（1）プロジェクトの目的

　業務改善の目的は基本的にQCDの観点で検討する。主たる目的以外に，二次的，三次的な目的もあれば，それがわかるように明確化する。一般的な目的の例としては次のようなものがある。

【業務効率化の目的】
- 年間1,500時間分の定形業務をロボットに代替する
- 2023度末年までに200体のロボットを導入する

【品質／スピードを重視した目的】
- ヒューマンエラーをなくし，顧客からのクレーム撲滅を目指す
- 業務実行スピードの向上によって顧客対応を迅速化（CS向上）

【働き方改革的な目的】
- 単純作業から社員を解放し，付加価値の高い業務でモチベーションUP
- 休日出勤ゼロ，残業時間ゼロの実現を目指す

（2）プロジェクトの方針

　プロジェクトの方針とは，RPAを前提として業務効率化を行うのか，RPAにこだわらず抜本的な業務改善を目指すのかという方針を指す。

　RPAを前提とした場合は，改善手段が明確なため，取組みの難易度はあまり高くないが，RPAにこだわらずに進める場合は取組みの難易度が一気に上がるため，それ相応の体制やスケジュールを作らなければならない。つまり

100

RPA以外の実現手段に詳しい人材が社内にいない場合は外部のサポートが必要になるであろうし，抜本的な改善には検討の時間もかなり必要になるため，その分をスケジュールに反映させなければならない。

（3）プロジェクトのスコープ

プロジェクトのスコープとは検討対象範囲を指し，一般的に組織の一部を対象として設定する。スコープを順次展開する場合は，その展開計画を作成する。展開計画のイメージは，**図表4－5**にあるとおりだ。とりあえず1部門だけを対象に進めるのであれば，1部門だけをスコープとし，展開計画は未定ということでもかまわない。

図表4－5　プロジェクトスコープ

（4）プロジェクトのアプローチ

プロジェクトのアプローチは全体の進め方を明らかにするところだ。アプローチには「できるところからやってみる」という方法と，「全体の投資対効果を算定して進める」という方法に大きく分かれる。

まず投資対効果を算定して進める場合は，図表4－1「RPAによる業務効率化のステップ」におけるStep-3～Step-6に該当するため，プロジェクトメンバーに対して**図表4－6**のような「プロジェクトアプローチ」を示す。これを見ればメンバーもアプローチがはっきりとわかるはずだ。

なお，この表はプロジェクトアプローチを表しているが，スケジュールを入れることによりプロジェクトの「マスタープラン」にもなる。

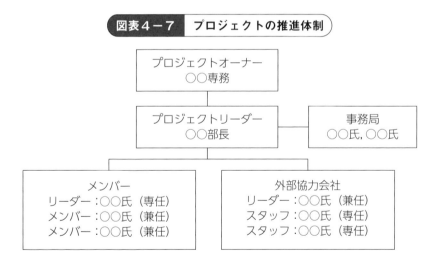

図表4−6　プロジェクトアプローチ（マスタープラン）

○月○日
▲ プロジェクト開始

○月○日
▲ 中間報告

○月○日
▲ 実行判断

○月○日
▲ 終了

現行業務の棚卸し
と課題抽出

改善案（概要）の
策定と効果算定

投資対効果の評価
と優先順位づけ

改善案の実行

（5）プロジェクトの推進体制

　取組みの推進体制については，第3章で社内だけで進めるのか，外部に委託するのかなどの論点を説明した。ここでは，それらの論点を踏まえて具体的な推進体制を決定する。推進体制については，**図表4−7**のような「体制図」を作成することが一般的だ。

図表4−7　プロジェクトの推進体制

プロジェクトオーナー
○○専務

プロジェクトリーダー
○○部長

事務局
○○氏, ○○氏

メンバー
リーダー：○○氏（専任）
メンバー：○○氏（兼任）
メンバー：○○氏（兼任）

外部協力会社
リーダー：○○氏（兼任）
スタッフ：○○氏（専任）
スタッフ：○○氏（専任）

　この体制図では外部ベンダーを活用するケースを示しているが，社内だけで実施する場合は外部協力会社の欄は不要となる。また小規模なプロジェクトの場合は，もっとシンプルな体制図になる。

　外部ベンダーとプロジェクトチームを組む場合は，社内のメンバーとの「役

割分担」を明確にしておく。たとえば，外部ベンダーが業務分析やロボットの開発などをすべてやってくれるのか，単にアドバイスしかしないのかによって進め方は大きく変わってくる。外部ベンダーは何をやって，何をやらないのかを事前に合意しておくことが重要だ。

　また社内のメンバーはプロジェクトの開始にあたって，ある程度の勉強をしておくとよい。たとえば，本書における「4つの適用パターン」(35頁) や「改善案検討における7つのセオリー」(65頁) などは，事前に理解しておくとジャンプスタートができる。外部ベンダーに社内トレーニングを依頼したり，外部のトレーニングコースを受講したりする方法もある。

3．Step-3：定形業務の洗い出しと課題の抽出

　このStep-3から具体的なプロジェクトの活動に入る。最初はRPAの対象候補となる定型業務を洗い出し，課題の抽出を行う。なおRPAを前提としない方針をとった場合は，業務改善の対象が必ずしも定型業務とは限らなくなり，非定型業務の課題も洗い出しの対象となる。しかし，RPAにこだわらないとなると，本書の趣旨を外れてしまうため，本書では基本的に「定形業務の自動化」に主眼をおいて解説する。

（1）定形業務の洗い出し

　RPAの対象業務は基本的に定型業務のため，まずはすべての定型業務を洗い出すことから始める。ここで自動化できるかどうかは考慮せず，定型業務をもれなく洗い出すことに集中する。業務フローを書く必要はなく，**図表4−8**のように定型業務を一覧化するイメージだ。

図表4−8　定型業務一覧表

業務			時間/月	担当	課題	備考
大区分	中区分	小区分				
経理	支払処理	請求書内容の確認				
		買掛金一覧表作成				
		支払予定表更新				
		会計ソフトへの入力				
		FBへの登録				
		：				
	売上処理	売上集計表作成				
		会計ソフトへの入力				
		：				

　「時間／月」のところには現在かかっている作業時間を記入する。これは自動化による効果算定の際に必要となる情報であり，また優先順位づけでも使う情報だ。1つの業務にかかる時間など担当者からすれば考えたこともないであろうから，なかなか答えることができないかもしれない。しかし，ここは割り切って，おおよその時間をおくしかない。もし正確な時間が必要であれば，1カ月くらいかけて担当者が実測してみてもよい。

（2）課題の抽出

　図表4−8の「課題」のところには効率化に関する課題を記載する。この課題の抽出では「どうして時間がかかっているのか」，「効率を妨げている原因は何か」といった視点で深掘りすることが重要だ。つまり表面的な課題を抽出するのではなく，課題を引き起こしている原因を突き止める。

　課題の抽出は1人で考えるよりも，ヒアリングやディスカッション形式のほ

うが的確な答えが出やすい。周りの人の質問や意見によって，担当者も根本的な原因に気づきやすいからだ。よく「なぜ，なぜ」を5回繰り返すと根本原因にたどりつくと言われるが，それくらいしつこく考え抜いてほしい。

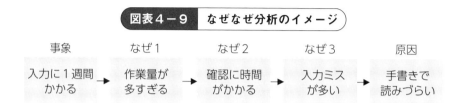

図表4－9　なぜなぜ分析のイメージ

事象	なぜ1	なぜ2	なぜ3	原因
入力に1週間かかる	作業量が多すぎる	確認に時間がかかる	入力ミスが多い	手書きで読みづらい

　単に手作業で時間がかかっている場合はRPAによって解決できるが，それ以外にも効率を妨げている課題があれば，あわせて改善できるか検討したほうがよい。これは第3章で説明した「RPAプラスα」の考え方である。

　たとえば効率を妨げている原因に「ハンコが多すぎる」とあった場合，これを直ちにRPAで解消することはできないが，新しい業務を設計する際に捺印ルールの見直しを一緒に行うことができるかもしれない。また別の原因に「確認の返答が遅い」とあった場合，定型業務の自動化とは別にRPAのリマインドメールで解消できる可能性がある。このように解決できるかどうかは別として，ここではあらゆる課題をテーブルにのせておくことが解決の可能性を残すことになる。

　なお，抽出すべき課題は効率化に関するものが中心になるが，QCDの観点で品質や納期についても含める。ただし，QCDには関係のない人間関係の悩みや給料への不満などは対象外とする。

　課題の抽出とは別に「要望の抽出」も行う。要望とは「今はできていないが時間があればやりたいこと」を指す。現状の業務だけを対象に検討すると現状やっていない要望がもれてしまうため，よりよくするために「何か要望はないか」という視点も意識しておく。

4．Step-4：改善案（概要）の策定と効果算定

　ひととおり定型業務の洗い出しと課題の整理ができたら，改善案を検討するステップに移る。ここでは概要レベルの検討でよく，詳細な検討はまだ行わない。ここで改善案を検討する目的は効果を算定するためであり，ざっくりとした改善効果がわかるレベルまでで止めておく。新業務の詳細な設計はStep-6の「施策の実行」のところで行う。

（1）改善案（概要）の策定

　改善案の概要レベルとは図表4－10のイメージだ。図表の「改善案（概要）」のところを見ると，細かなプロセスは書いておらず，どこの部分をどのように効率化するかを簡潔に記載しているだけだ。自動化のイメージさえわかれば，改善後の作業時間は推定できるはずである。つまり改善案の概要レベルとは，「新業務がイメージでき，新業務における作業時間が推定できるレベル」ということになる。

図表4－10　改善案（概要）一覧

業務			改善案（概要）	時間/月			備考
大区分	中区分	小区分		現状	今後	効果	
経理	売上処理	売上集計表作成	RPAで売上データを販売管理システムからダウンロードし，売上集計表を自動作成する	40	5	35	集計表のチェックは人が行う
		会計ソフトへの入力	RPAで売上集計表から会計ソフトのインポート用csvファイルを自動作成する	70	6	64	インポート作業は人が行う
		：					

（2）効果の算定

　効果の算定は，図表4－10の「効果」を出すことであり，新業務における作業時間を推定することにほかならない。

　RPAにより業務を自動化しても，作業時間が完全にゼロになるわけではなく，「管理」は人が行うことになる。たとえばロボットの処理に必要なファイルを準備したり，処理後のアウトプットを確認したりする作業は人が行う。これは上司が部下に仕事をやらせるときに，部下に対して作業指示を出したり，できあがった作業内容をチェックしたりすることと同じだ。

　このように効果の算定には，ロボットを管理する時間や，自動化されずに残った作業を勘案して，新業務における作業時間を推定する。「やってみないとわからない」と言う人もいるが，どうしてもわからなければ，「ざっくりと半分」とか，「3分の1ぐらい」ということでもかまわない。いずれにしても，ここはあまり時間をかけるべき作業ではない。なお，効率化以外の効果については備考欄にメモしておく。

5．Step-5：投資対効果の評価と優先順位づけ

　前ステップの効果算定にもとづいて対象業務全体の「投資対効果の評価」を行い，RPA導入の実施可否に対する意思決定を行う。導入することを決定した場合は，どの改善案を実施するのか，どのような順番で実施するのかといった「優先順位づけ」を行う。

（1）投資対効果の評価

　すでにRPAの導入を決めている場合は，全体の投資対評価を行う必要はなく，各改善案の効果にもとづいて改善案の実施判断と優先順位づけを行えばよい。ここでは，全体の投資対効果を必要とするケースについて，その考え方とポイントを説明する。

①　投資対効果の基本的な考え方

　投資対効果は一般的に「5〜10年の累積」で評価する。これは費用が初期に大きくかかり，効果は数年続くからだ。期間を5年にするか10年にするかは企業特性や業務特性を勘案して，どれくらい「効果が持続しそうか」によって判断する。変化の激しい企業の場合は，数年で業務がかなり変わるだろうし，逆に何十年も基本的な業務に変化のない企業もある。

図表4−11　投資対効果のイメージ

②　効果の算定方法

　改善効果は，基本的に「定量的効果」と「定性的効果」に分かれる。定量的効果とは金額換算できる効果を指し，前ステップで算定した改善案の効果を合算することになる。なお業務の削減時間を金額換算する場合，人件費は平均給与の1.5〜2倍をベースにすることが多い。たとえば時給1,000円の人の作業を1時間削減できる場合は，1.5を乗じて1,500円の効果と計算する。

　定性的効果については文章で表現する。対象範囲全体の評価では，あまり細かい定性的効果を並べても大局的に意味がないため，全体の意思決定に影響のある「大きな効果」を表しておく。代表的な定性的効果の例としては，次のようなものがある。

● データ入力のヒューマンエラーがなくなり，顧客とのトラブルを防止できる
● きめ細かなメール連絡により，出荷ミスや遅配を減らすことができる
● 繰り返し業務を削減することにより，社員のストレスを低減できる

- ペーパーレス化により，リモートワークの促進にも役立つ
- 業務の実行スピードが上がることにより，決算処理を5日間短縮できる
- 経営管理情報をリアルタイムで見れるようになる

③ **費用の算定方法**

費用は「初期コスト」と「ランニングコスト」に分かれる。主な費用の内訳は**図表4−12**のとおりだ。

図表4−12 費用の内訳

初期コスト	ランニングコスト
●外注委託費 ●RPAライセンス料 ●サーバー／パソコン ●トレーニング費	●RPAライセンス料 ●保守費

「外注委託費」は，外部ベンダーのRPA開発やアドバイスにかかる委託費を指し，費用全体の大部分を占めると思われる。しかし社内だけで進めれば外注委託費はかからない。

「RPAライセンス料」は製品によって料金体系はさまざまであり，また同じ製品でもクラウド型とオンプレミス型で料金が異なる場合が多い。製品によっては年間ライセンス料とは別に，初期費用を設定していることもある。

ライセンスには通常いくつかの種類があり，それぞれに料金が設定されている。ライセンス構成は製品によってさまざまであり，サーバー型かデスクトップ型かにもよるが，オーソドックスなケースでは**図表4−13**のように3つのライセンスで構成されている。開発ライセンスは，ロボットの開発用ソフトウェアのライセンスだ。実行ライセンスは実際にパソコン上で動くロボットであり，管理ライセンスはロボットを管理するソフトウェアのライセンスである。

図表4−12の「サーバー／パソコン」は新規購入の際に発生し，保有する機器をそのまま使うのであればかからない。「トレーニング費」は，外部のトレーニングコースの受講費や市販の書籍代などである。

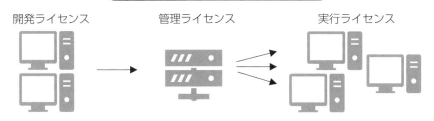

図表4－13　RPAライセンスの構成例

開発ライセンス　　　　　　管理ライセンス　　　　　　実行ライセンス

　ランニングコストの「RPAライセンス料」は，RPA製品にかかる年間ライセンス料を指す。このライセンス料には，RPAツールのアップデートや問い合わせサポートなどが含まれる。

　「保守費」とは，外部ベンダーと保守契約を締結した場合に発生するランニングコストである。社内だけで進める場合にはかからない。また外部ベンダーを活用した場合でも，保守契約を結ばずに社内で対応するという方法もあるだろう。

　なお従業員の人件費を費用に含めるべきかという問題がある。これは従業員に追加費用がかかるかどうかによる。つまり人件費が固定費であり，プロジェクトの参画によって費用が増えないのであれば，人件費を含める必要はないと考えられる。しかし，残業や増員などにより追加費用が発生する場合は，その分を含めるべきである。またRPAの開発後に社内へRPA担当を置いたり，ヘルプデスクのようなサポートチームを設置したりする場合，これは追加費用となるため，ランニングコストに入れたほうがよい。

　ここまでは定量的な費用算定を説明したが，効果に定量的効果と定性的効果があるように，費用にも定性的な側面がある。ただし定性的費用とは言わず，「デメリット」あるいは「リスク」と言う。これも意思決定材料の1つとして明示しておくべきである。なおデメリット／リスクの例として次のようなものがある。

●対象のアプリケーションに大きな更新があった場合，RPAを改修しなければ
　ならない

- 社内でRPAのスキルをキープしなければ，外部ベンダーに依存してしまうリスクがある
- 将来的にRPAをサポートする専門チームが必要になるかもしれない
- 今回購入するRPA製品は非常に安いが，世界シェアが低いため淘汰されるリスクがある

このようにリスクをあげるのであれば，その防止策や軽減策も可能なかぎり考えておいたほうがよい。

④ 投資対効果の評価方法

RPAの投資対効果は，投資規模が従来のシステム開発に比べて小さいため，

図表4－14　投資対効果の評価手法

評価手法	説　明	メリット	デメリット
回収期間法 (PP：Payback Period)	初期投資額の回収期間の長さを評価の基準とする方法。短いほうが有利な投資と見なす。	●簡便的でわかりやすい。 ●長期に及ぶことのリスクを回避しやすい。	●回収期間後の利益について無視される。 ●貨幣の時間的価値が考慮されていない。
投資収益率 (ROI：Retrun on Investment)	平均回収額÷投資額で表される率。	●簡便的でわかりやすい。	●貨幣の時間的価値が考慮されていない。
正味現在価値 (NPV：Net Present Value)	将来得られる収入を一定の利率で割り引き（＝割引率），現在価値に換算した金額の合計から，初期投資額を差し引いた金額。正味現在価値の大きいほうが有利な投資と見なす。	●額で示すため，リターンの規模がわかる。 ●割引率に資本コストやリスクを織り込んでいる。	●割引率を何％にするかによって結果が大きく変わってくる。 ●算出方法が難易度が高い。
内部収益率法 (IRR：Internal Rate of Return)	NPV＝0となる場合の割引率。NPVが額であるのに対し，率で表す方法。率が高いほうが有利な投資と見なす。	●率で示すため，投資の効率性がわかる。 ●資本コストとの比較が可能。	●投資の規模が考慮されていない。 ●算出方法が難易度が高い。

簡便的に評価することも多い。たとえば「投資対効果がプラスであれば実施する」であるとか，「3年以内に回収できれば実施する」といった判断だ。一方，RPAといえども大規模な取組みもあり，一定の手順を踏んで意思決定しなければならない場合もある。ここでは標準的な投資対効果の評価手法について触れておく。

　一般的な投資対効果の評価手法には**図表4−14**のような方法があり，それぞれメリットとデメリットがある。日本の伝統的企業では簡便的なPP（回収期間法）がよく用いられる。また，わかりやすさの観点でROIも多い。一方，欧米ではIRRが用いられることが多い。

　上記の評価手法は定量評価だが，これに定性評価（定性的効果とデメリット／リスク）を加味し，総合的な観点でRPA導入の実施判断を行う。

（2）優先順位づけ

　改善案の優先順位は，まずクイックヒットを最優先とし，あとは効果の高いところから順番に進めることが基本だ。もう少し厳密に評価したい場合は，「難易度」という観点を入れて，**図表4−15**のようなマトリックスで優先順位

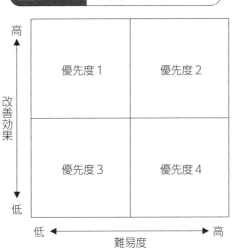

図表4−15　改善案の優先順位づけ

づけする方法もある。ただし，何らかの基準で改善案の「難易度」を決めなけ
ればならない。難易度の決め方はいろいろあるが，1つは「実現にかかる時
間」と「影響を与える範囲」を基準にする方法だ。つまり改善に時間がかかり，
影響範囲が大きい場合は難易度が高いと判断する。

　一方，改善効果や難易度以外にも優先順位を決めるための観点はいくつかあ
る。具体的には次のような点だ。

- 緊急性の高いところ
- 課題の多いところ，課題の大きいところ
- 簡単にできるところ
- 担当者に時間的余裕があるところ
- 担当者のITスキルが高いところ，やる気があるところ
- 横展開が可能なところ

　この中で特に重要なのが「横展開が可能なところ」である。ここで言う横展
開とは，1つの改善パターンを対象範囲全体に展開することである。たとえば
リマインドメールを自動送信する改善案が対象業務に複数あった場合，この改
善案だけをひととおりすべて実施するようなアプローチである。

　具体的にはテンプレートとなるロボットを1つ作り，それをコピーして各業
務にあてはめる。効果にもとづいて1つひとつ異なるロボットを開発するより
も，1つのテンプレートを数多くの業務にあてはめたほうが早く展開できるか
らだ。

　優先順位づけが完了すると，それにもとづき実行計画を策定し，本ステップ
は終了となる。

6．Step-6：改善案の実行

　改善案の実行では，概要レベルの改善案を具体的な新業務に落とし込み，ロ

ボットを開発し，実際の導入までを行う。取組みの核心部分である。この実行
ステップは，**図表4−16**のように，現行業務フローの作成，新業務フローの
作成，RPAの設計，開発，テスト，導入の6つのステップで構成される。

図表4−16　改善案の実行ステップ

現行業務フロー の作成 ▶ 新業務フローの 作成 ▶ RPAの 設計 ▶ RPAの 開発 ▶ RPAの テスト ▶ RPAの 導入

　なおRPAの具体的な開発方法や操作方法はRPA製品によって異なるため，
各製品のユーザーマニュアルなどを参照いただきたい。本書ではそれ以外の実
行ステップについて詳しく解説する。

（1）現行業務フローの作成

　RPAの開発の前に，まず業務の設計を行わなければならない。業務の設計
には，基本的に「業務フロー図」を用いる。

　業務フロー図とは，**図表4−17**のように作業手順や作業内容を線や図形を
使って表記する方法だ。業務フロー図があると，業務全体の流れを直感的に理
解できるようになり，改善の糸口も見えやすくなる。業務フローには，「現行
業務フロー」と「新業務フロー」があるが，まずは現行業務フロー図を作成す
ることからスタートする。

　現行業務フロー図は，現状の問題点を明らかにする資料であるため，どこに
どのような課題があるかを明記しておく。また細かく書こうと思えばいくらで
も細かく書けてしまうが，正確性にこだわるよりは，全体の流れが理解でき，
課題の所在がはっきりすることを優先すべきである。

（2）新業務フローの作成

　現行業務フロー図をもとに改善策を検討し，**図表4−18**のような「新業務
フロー図」を作成する。RPAと人の役割分担を明らかにするとともに，図表
の「改善案」の列に書いてあるように具体的な改善内容を明示する。

114

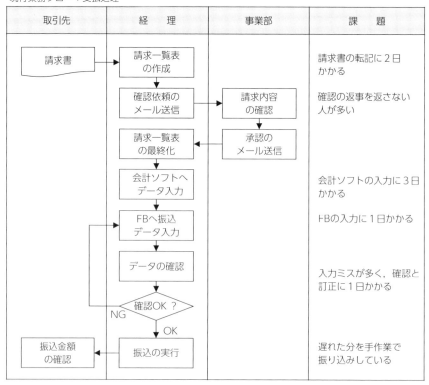

図表4-17　現行業務フロー図のイメージ

現行業務フロー：支払処理

取引先	経　理	事業部	課　題
請求書	請求一覧表の作成		請求書の転記に2日かかる
	確認依頼のメール送信	請求内容の確認	確認の返事を返さない人が多い
	請求一覧表の最終化	承認のメール送信	
	会計ソフトへデータ入力		会計ソフトの入力に3日かかる
	FBへ振込データ入力		FBの入力に1日かかる
	データの確認		入力ミスが多く，確認と訂正に1日かかる
	確認OK？ NG／OK		
振込金額の確認	振込の実行		遅れた分を手作業で振り込みしている

　全体の新業務フロー図ができあがり，具体的な改善案ができあがると，後は図表4-18の改善案にある改善1～6を順番に実行していく。業務フロー図を書いている理由は，業務全体の流れに問題がなく，整流化されていることを確認する意味がある。なおRPA以外によるプラスαの改善があれば，この段階で改善案に盛り込んでおく。

　ここまで業務フロー図の説明をしてきたが，ではどのような場合でも業務フロー図を書くべきなのであろうか。答えは「必ずしも必要ではない」だ。

　非常に単純な業務を改善する場合は業務フロー図を書く必要はない。たとえば，単純にメール送信するだけの業務，システムに入力するだけの業務，

図表4－18　新業務フロー図のイメージ

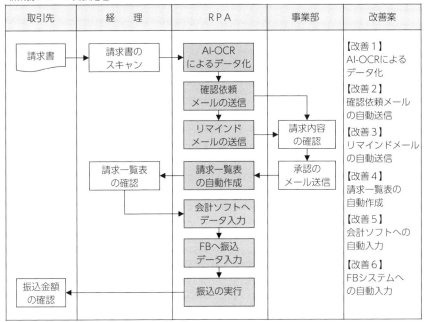

新業務フロー：支払処理

Web情報を収集するだけの業務などは，業務フロー図を書かなくてもRPAの開発に入れる。

　業務フロー図が必要になる場合とは，業務手順が多く，さまざまな人物が関係している業務だ。このような比較的複雑な業務は，業務フロー図を作成して全体を俯瞰してみないと，まず業務全体がよく理解できない。したがって課題の所在を特定することも簡単ではなく，重要な課題を見過ごすことにもなりかねない。

　また改善案を検討する場合にも，前工程の変更が後工程に影響することも考えなければならないため，フロー全体を把握しておく必要がある。

　一方，単純な業務を業務フロー図で表すと，たとえば**図表4－19**のようになる。単純な業務はフロー図も単純になるため，おそらく新たな発見は何も出てこない。特に流れがないのであれば，業務全体の理解は最初からできるだろ

うし，フロー上の課題もまず出てこない。実際に図表4-19を見ても，何の示唆も得られないことがわかるであろう。

図表4-19　単純業務のフロー図例

現行業務フロー：価格情報の収集

営業事務	課　題
オンラインストアの価格情報収集　↓　レポート作成	情報収集に2時間かかる

（3）RPAの設計

　従来のシステム設計では，システムベンダーがかなりの時間を使ってシステム要件定義書や詳細設計書を作成していた。しかしRPAの場合は，ユーザーが自分でロボットの設計も開発も行うため，あらかじめ詳細な設計をするのではなく，「考えながら開発する」というやり方のほうが適している。

　たとえばExcelで新しい表を作成する際に，いちいち設計書を書く人はあまりいないであろう。通常いきなり表の作成に着手し，イメージに合うように何度か修正を加えて，そして出来上がるはずだ。RPAもそれに近い。

　しかしRPAの開発はExcelより処理が複雑なため，「簡単な設計」をして頭の整理をしたほうがスムーズに進む。つまりRPAの開発は，簡単な設計をした上で開発に入り，あとは何度か修正を繰り返して完成させるイメージだ。

　それでは簡単な設計とはどういうものだろうか。

① 簡単な設計

　図表4-20は「簡単な設計」のサンプルである。これは注文情報を販売システムに転記する作業をRPAで自動入力する処理を例にとったものだ。

　図表4-20では処理フローを「図形」で表記しているが，特に図形にする必

図表4-20　RPAの簡単な設計

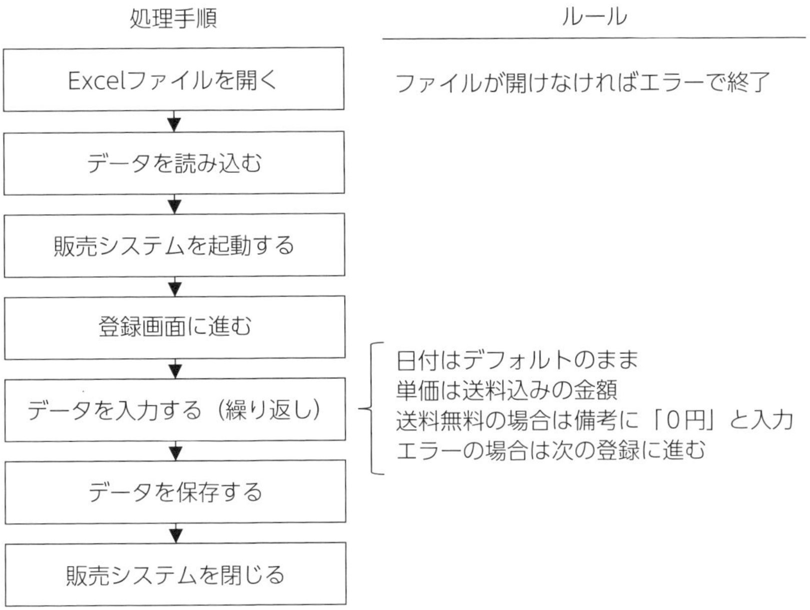

処理手順	ルール
Excelファイルを開く	ファイルが開けなければエラーで終了
データを読み込む	
販売システムを起動する	
登録画面に進む	
データを入力する（繰り返し）	日付はデフォルトのまま 単価は送料込みの金額 送料無料の場合は備考に「0円」と入力 エラーの場合は次の登録に進む
データを保存する	
販売システムを閉じる	

図表4-21　RPAの簡単な設計（記述形式）

処理手順	ルール
1．Excelファイルを開く	ファイルが開けなければエラーで終了
2．データを読み込む	
3．販売システムを起動する	
4．登録画面に進む	
5．データを入力する（繰り返し）	日付はデフォルトのまま
	単価は送料込みの金額
	送料無料の場合は備考に「0円」と入力
	エラーの場合は次の登録に進む
6．データを保存する	
7．販売システムを閉じる	

118

要もないため，さらに簡略化して**図表4－21**のようにExcelなどへ単に記述するだけでもかまわない。いずれにしてもRPAの設計とは，「処理手順」と「ルール」を決めることにほかならない。

②　処理手順の決定

「簡単な設計」の表記イメージがわかったところで，次に具体的な設計方法の話に入る。RPAの設計は，まず処理手順を決めることから始まる。図表4－21の処理手順にあるように，ロボットに動いてもらいたいように1つひとつの動作を記述していく。

ここでのポイントは，当たり前のことを細かく書く必要がないという点だ。たとえば「Excelファイルを開く」という処理を正確に書こうとすれば，「ファイル名を探す」，「該当ファイルをダブルクリックする」，「該当シートをクリックする」という動作になるが，そのようなことは書かなくてもわかっているは

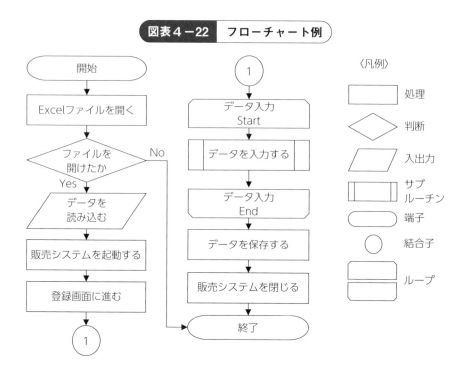

図表4－22　フローチャート例

ずだ。わかっていることを細かく書くとかえって見づらくなるため，開発に必要な最小限にまとめるほうがよい

なお処理手順の正式な表記方法に「フローチャート」がある。フローチャートとは，**図表4－22**のようなイメージだ。もちろんフローチャートを使って設計してもかまわない。エンジニアであればフローチャートを書かないと気がすまない人もいるかもしれない。しかし，一般のユーザーがフローチャートの勉強までするのは，それだけでモチベーションが維持できなくなると思われる。

実際に**図表4－22**のフローチャートと図表4－21の記述形式と比べると，同じことを表現するためにフローチャートは何倍もの時間がかかることがわかるであろう。まず凡例を覚えるだけでも挫折するかもしれない。したがって，普段Excelで表を作成するのと同じくらいの軽い気持ちでRPAに向き合ったほうが長続きすると思われる。

③　ルールの決定

次にロボットが処理できるようにルールを決める。システム的な細かいルールは開発しながら決めていけばよいが，業務的なルールは事前によく考えて決めておく必要がある。

まず，ルールは**図表4－23**のように「基本ルール」，「例外ルール」，「異常ルール」の3つに大別される。基本ルールとは，通常の処理で基本的にすべての処理に適用されるルールを指す。例外ルールとは，一部に対して例外的に適用されるルールを指す。異常ルールとは，異常（エラー）の発生時に適用されるルールを指す。

図表4－23　3つのルール

種　　類	説　　明
基本ルール	基本的にすべての処理に適用されるルール
例外ルール	一部に対して例外的に適用されるルール
異常ルール	異常（エラー）の発生時に適用されるルール

　図表4−24は，先ほどの設計を一部抜粋したものだ。「日付はデフォルトのまま」というルールは基本的にすべての処理に適用されるため，「基本ルール」に該当する。一方，「送料無料の場合は備考に0円と入力」というルールは，一部の送料無料の場合にだけ例外的に適用されるため，「例外ルール」にあたる。「エラーの場合は次の登録に進む」というルールは，何らかの異常でシステムエラーとなった場合に適用されるルールであるため，「異常ルール」となる。

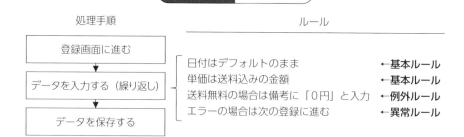

図表4−24　ルールの例

処理手順

登録画面に進む

データを入力する（繰り返し）

データを保存する

ルール

日付はデフォルトのまま　　　　　　　　　　　←基本ルール
単価は送料込みの金額　　　　　　　　　　　←基本ルール
送料無料の場合は備考に「0円」と入力　←例外ルール
エラーの場合は次の登録に進む　　　　　←異常ルール

　ルールを検討する順番は，まず基本ルールおさえることから始め，例外ルール，異常ルールと進めていく。RPA経験の浅い人は，例外ルールや異常ルールに考えが十分及ばず，想定外の事態によってロボットがすぐ止まってしまうことが多い。あらゆる状況を想定してルール作りをしなければならない。

④　異常ルールの注意点

　異常ルールの設計は特に重要で，システムエラーが起こるたびにロボットがいちいち止まっていては仕事にならないため，エラーが発生しても止まらないように設計することがポイントとなる。システムエラーになる原因は，たとえば登録されていない取引先コードを入力したり，日付が過去日付であったりするなど，入力のもとになるデータに誤りがあるケースが多い。この場合は，システムエラーが発生したからといってロボットを止めるのではなく，エラーとなった部分をログに残し，次の処理に進んだほうがよい。エラーになった部分は，後で人が対応すればいいからだ。

図表4−25　エラーログのイメージ

日付	取引先番号	品　　番	数　　量	エラー番号
2021/9/12	1007635	AA-278	20	E297
2021/9/12	1005181	CH-714	10	E102
2021/9/13	1028446	CY-529	65	E552
2021/9/13	1010055	AE-990	28	E008

　またエラーを表示して停止する場合にも、「適切なエラー表示」を考えなければならない。たとえばファイルが開けずにエラーとなった場合、「ファイルが開けません」と表示しただけでは不親切だ。開けなかった時のファイル名やパス名も表示したほうが対応しやすい。特に1つの処理に複数のファイルが関係するケースでは、どのファイルでエラーとなったのかを表示すべきである。

⑤　ルール洗い出しの考え方
　ルールをよく検討することは重要だが、設計の段階ですべてのルールを洗い出し切れなくても心配することはない。開発をした後にテストすれば、どこにルールの問題があるかわかるからだ。
　従来のウォーターフォール型のシステム開発では、テストの段階で設計変更が見つかると大変な手戻りとなったが、RPAの場合はそれほど心配しなくてよい。RPAはExcelで表を作成するのと同じように、テストをしながら完成させるようなものだからだ。
　そうはいっても、できるかぎりルールは最初に決めておいたほうがよい。何度も同じテストをやり直さずにすむため、トータルとして効率的に進められる。設計段階で8割くらいのルールは洗い出し、残りは開発をしながら埋めていくようなイメージだ。
　なお処理が複雑になればなるほど、できるだけルールは早い段階で確定したほうが効率的となる。たとえば1つの処理に例外ルールが100もある場合、これをテストするにはかなりの時間がかかってしまう。そうなると、いくらRPAといえども設計変更によってテストを何度もやり直すことは非効率だ。

このようなケースはまれであろうが，複雑な処理の場合は手戻りの負担が大きいことを理解しておく必要がある。逆に言うと簡単な処理であれば，設計段階の検討も簡単でかまわない。

（4）RPAの開発・テスト

RPAの開発方法については製品ごとに異なるため，それぞれのユーザーマニュアルやトレーニングコースに任せるが，ここではマニュアルやトレーニングではあまり語られない「テストの考え方」について説明する。

① テスト環境の構築

ロボットのテストでは，実際のシステム（本番環境）にテストデータを登録してかまわないかという問題がある。テスト後にデータを削除すれば問題ない場合はいいが，ほかに影響を残してしまう場合には問題となる。その場合は「テスト環境」を作らなければならない。

テスト環境とは，本番環境とは別に本番環境と同じものを用意することだ。本番環境をそのままコピーしたようなパソコンをイメージすればよい。

a．テスト環境のメリット

テスト環境を作ることが可能であれば，そのほうが安全だ。本番環境でデータの削除が可能だとしても，テストデータを消し忘れたり，間違って本番データを消したりしてしまうリスクがあるからだ。またテスト中のロボットが想定外の動作をし，思いもよらない処理を勝手にしてしまい，元に戻せなくなるなどのリスクもある。

b．テスト環境のデメリット

一方，テスト環境の用意がそもそも困難なケースがある。システムのライセンス規約によってはコピーが禁止されていたり，ソフトウェアの設定はできてもデータの移行が技術的にできなかったりすることもある。場合によってはベンダーに有償で環境設定を委託したり，サーバーをもう1台購入したりする必要も出てくるかもしれない。いずれにしても費用面のデメリットとなる。

　このようにテスト環境の構築についてはメリットとデメリットがあり，また技術的なスキルも要求されることをよく勘案して検討しなければならない。どうしてもわからなければ専門家やシステムベンダーに相談したほうがよい。

②　テストの方法
　次にRPAのテストの方法について説明する。RPAのテストは，基本的に「全経路テスト」と「実データテスト」の2つを行う。

a．全経路テスト
　全経路テストとは，「分岐するすべての経路」をテストすることである。図

図表4−26　全経路テスト

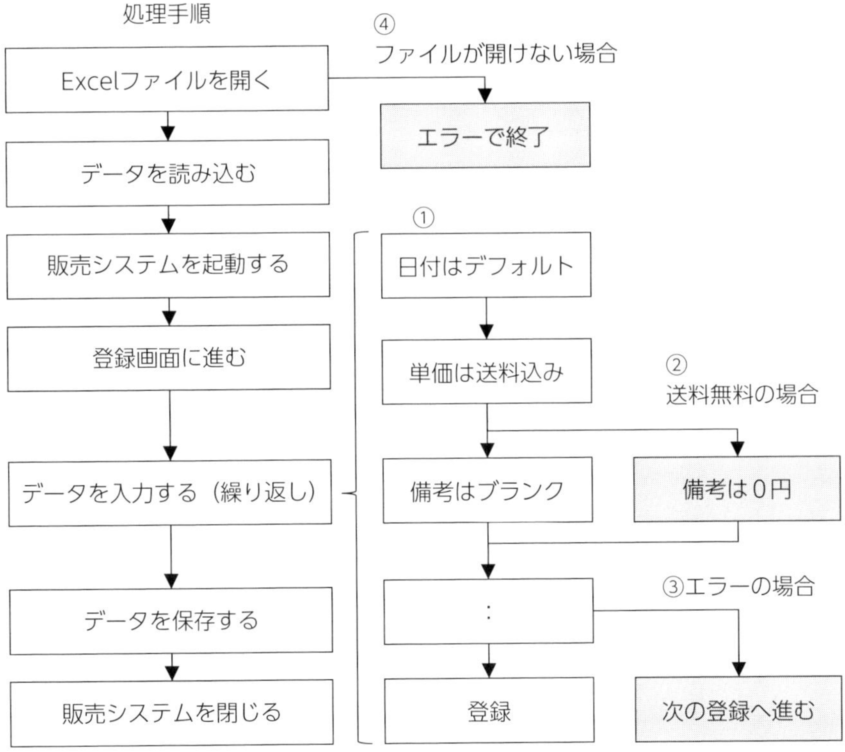

表4−26は，前述の処理手順をベースに「データを入力する（繰り返し）」の
部分を一段詳細化したものだ。そして分岐がわかるようにフロー図にしている。

この図を見ると，経路が分岐している箇所がいくつかある。④の「ファイル
が開けない場合」は分岐してエラーで終了している。②の「送料無料の場合」
は分岐して備考に０円を入力している。

つまり分岐によって経路が①〜④の４つに分かれているため，４つのテスト
を行い，それぞれが想定どおり動作することを確認する必要がある。そのため
に，本ケースでは４つのシナリオデータを用意する。具体的には，①の基本
ルールを通るシナリオ，②の送料無料のシナリオ，③の何らかのエラーが起こ
るシナリオ，④のファイルが開けないシナリオだ。

図表4−23でルールには３つの種類あると説明したが，分岐するかどうかは
ルールの種類によって決まる。基本ルールは本経路のため分岐しない。例外
ルールと異常ルールは別経路をとるため，必ず分岐する（**図表4−27**）。

図表4−27　ルールと経路

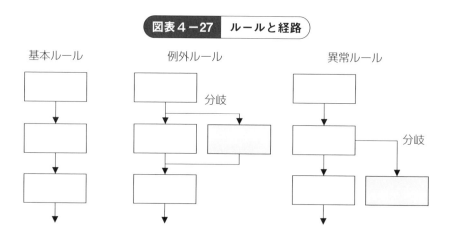

全経路をテストするということは，全てのルールをテストすることを意味す
る。たとえば例外ルールと異常ルールが合わせて10個ある場合，それに基本
ルール１個を加えた11のテストが全経路テストに求められる。

b．実データテスト

　全経路テストが完了すると「想定動作」の確認ができたことを意味するが，まだ想定外のことが確認されていない。そこで「実データテスト」が必要となってくる。実データテストとは，実際の過去データを使って大量の処理を実行してみる方法である。たとえば過去1カ月分の注文情報を使って販売システムへの自動登録を行ってみるようなテストだ。

　大量の実データで実際にテストしてみると，想定外のことが頻繁に起きる。業務担当者も気づかなかったような例外事項が見つかったり，アプリケーションの動きに微妙な違いが見つかったりする。このようなテストを繰り返すことにより，ロボットはブラッシュアップされていく。

　全経路テストと実データテストは，それぞれ演繹的アプローチと帰納的アプローチと言える。論理的に「こうなるはずだ」というロジックをまず確認し，実データを「実際にあてはめてみる」ことにより，帰納的にロジックを実証しているからだ。これにより強固なロジックが完成する。

図表4－28　全経路テストと実データテスト

全経路テスト　　　　　　　　　　　　　実データテスト
　　　　　　　　　　　　　　　　　　　　　　　モレや想定外の発見

こうなるはずだ（演繹的アプローチ）　　実際にあてはめてみよう（帰納的アプローチ）

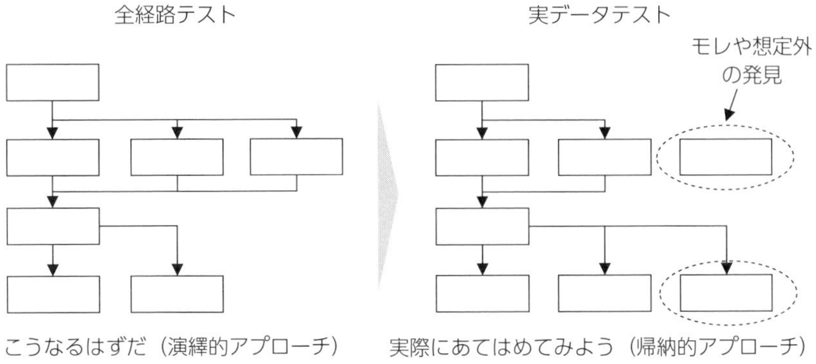

　最終的に実データのテスト結果と，本番環境の状態が完全に一致していることが確認できれば，テストは完了となる。

（5）RPAの導入

　ロボットが完成すると，どこかのタイミングで実際に本番導入をする。導入にあたって考慮すべきポイントは，①バックアッププランを用意しておくこと，②テストと捉えて本番データの確認作業を行うことの2点である。

①　バックアッププランの用意

　導入初期はトラブルが発生する可能性が高いため，万一ロボットが動かなくても対応ができるように，「バックアッププラン」を用意しておく。

　バックプランの第一は，ロボットが正常に動作しない場合に備えて，手作業で対応できるような「時間」を確保しておくことだ。つまり余裕をもったスケジュールを組むことである。

　それ以外にもトラブルに備えた準備をしておく。たとえば緊急の場合に，RPAに詳しい人が駆けつけてくれるような手配をしておいたり，少なくとも電話で連絡がとれるような体制を作ったりしておく。また手作業で対応することに備えて，サポート要員を確保しておくなどする。

②　本番データを使ったテスト

　正常に動作したからといって安心してはいけない。テストでは見つからなかった問題が残っているかもしれないからだ。そもそもシステムはテストが完了しても，ある程度の不具合は残っているものである。100％完璧なテストなどできるものではない。そして不具合は導入初期に多発する。

　したがって導入初期は，「本番データを使ったテスト」と捉え，かなり詳細な確認作業をすべきである。もし不具合がまったく見つからなかったとすれば，それは確認作業が不足していると考えたほうがよい。何サイクルか回して不具合がなくなり，ロボットが安定してくれば確認作業は終了となる。

7．Step-7：運用と継続的改善

　実際の導入と初期の確認作業が終了すると，運用と継続的改善のフェーズに入る。業務担当者が自分でロボットを開発した場合，その運用方法はわかっているはずだが，人事異動や退職などにより担当者が変わることがあるため，ロボットが完成して終わりということにはならない。ここではRPAの運用と継続的改善についてポイントを説明する。

（1）RPAの運用

　担当者が変わった場合でもRPAを持続的に運用するためには，①操作マニュアルの作成，②代替者の育成の２つが重要となる。

①　操作マニュアルの作成

　業務担当者も人事異動や退職などで担当が変わることがあるため，誰でも運用できるように「操作マニュアル」が必要となる。操作マニュアルは，画面のスクリーンショットなどを駆使した資料にまとめることもできるが，**図表４－**

図表４－29　全経路テストと実データテスト

〈RPA実行手順書〉

手順１：ファイルの準備

　1-1. 受注ファイルをフォルダ（C:\Users\xxxxx\Desktop\RPA）へコピー

　1-2. ファイル名をRPA001.xlsxへ変更する

手順２：販売管理システムの起動

　2-1. デスクトップの販売管理システムを起動する

　2-2. 前日までの受注が登録されていることを確認する（受注一覧参照）

：

29のような簡易的な手順書でもかまわない。

　簡易的な手順書とは，操作手順を紙1枚にまとめるようなイメージだ。画面イメージを使った詳細なマニュアルと，簡易的な手順書のどちらが適しているかはRPA利用者の状況による。

　もし多くの利用者が説明なしにRPAを操作する場合は，画面イメージを使ったわかりやすい操作マニュアルのほうが適している。たとえばコールセンターやシェアードサービスセンターのように，派遣社員なども含めて多くの人が業務に携わり，人の入れ替えも頻繁に起きるような職場環境では，いちいち個別に説明するよりも，詳しい操作マニュアルを見て学習してもらうほうが効率的だ。

　一方，業務担当者が少数で，きちっとした引継ぎができるような場合は，簡易的な手順書で十分である。人事異動や退職の場合，通常は「引継ぎ期間」が設けられるため，そこで実際に画面を見ながら説明すれば，それほど詳細なマニュアルは必要ない。

　もう1つ留意すべきことは，マニュアルには「メンテナンス」が必要になる点だ。RPAは継続的改善に適したツールのため，業務担当者が適宜RPAを修正することになる。修正を加えたならば，操作マニュアルも当然アップデートしなければならない。この際に重要なことは，画面イメージを駆使した詳細なマニュアルだと，そのアップデートに余計に時間がかかるということだ。このような「メンテナンス性」も考慮した上でマニュアルの作り方を決める必要がある。

②　代替者の育成

　ある業務においてRPAを使う担当者が1人しかいない場合，その人が病欠したり，突然の退職となったりすると困ることになる。マニュアルがあるから大丈夫と考えても，アップデートされていないために動かないかもしれない。そこでRPAを使うことができる別の人，つまり「代替者」を育成しておく必要が出てくる。

　これは人事異動や退職とは別に，不慮の事態に備えて必ず代替手段を用意しておくというリスクマネジメントの考え方で，RPAにおいても安定的な運用

を実現するために必要な要件だ。

　具体的には，同じ部署の中にRPAを使える人を必ず2人以上置く体制を構築する。半年や1年単位で担当をローテーションしてもよい。あるいは1人でできる作業を，あえて2人で分担する体制を組んでもよい。いずれにしても業務が属人化（ブラックボックス化）することは，運用のリスクマネジメント上，避けなければならない。

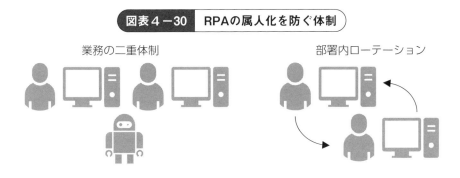

図表4−30　RPAの属人化を防ぐ体制

業務の二重体制　　　　　　　　　　　　　部署内ローテーション

（2）RPAの継続的改善

　RPAの開発を外部ベンダーへ全面的に委託し，ユーザーにRPAの知識がまったく残っていない場合，ユーザー自身が継続的改善を行うことは難しい。改善すべき事項が出てきた場合は，また外部ベンダーに修正を依頼するしかなく，かなり限定的な改善となってしまう。

　しかしトレーニングなどによってユーザーが一定の学習をすれば，開発を外部ベンダーに委託した場合でも，修正くらいはユーザーで可能となる。むしろ継続的改善を促すためにも，何らかのトレーニングをしたほうがよい。

　ではユーザーはRPAのスキルがあれば継続的改善を行うだろうか。企業の社風によっては継続的改善が当たり前かもしれないが，そうではない一般企業では自発的な活動などまず期待できない。企業として継続的改善を促す何らかの「仕組み」が必要になる。つまり継続的改善を促すために，さまざまな施策をプログラムとして実行する必要がある。

　具体的な施策としては，①継続的改善の活動報告，②改善キャンペーンの実

施，③事例紹介による啓蒙，④成功事例への表彰，⑤人事評価との連動，⑥部門リーダーの協力，⑦改善計画のサポートなどがあげられる。これらの施策の中身については第6章で詳述する。

　このように継続的改善には，ユーザーを動機づけするための仕組みが求められる。改善意識の高い人であれば自発的に動くかもしれないが，RPAという少し面倒くさいツールを使う場合は，えてして人は消極的になりがちのため，ここは組織として仕組みをしっかり整えることが重要だ。

■ 第5章

プロジェクトを成功に導く８つのポイント

1．プロジェクトが頓挫しないための要件

　RPA導入プロジェクトは途中で頓挫することがある。これにはいくつかパターンがある。たとえば，最初は順調にスタートしたプロジェクト活動も，本業が忙しくなるなどの理由で活動がいったん停止し，その後再開することもなく立ち消えになることがある。あるいは，当初想定していたような効果が出なかったり，想定外のトラブルが発生したりすることによって社内から不満が噴出し，プロジェクトが立ち往生してしまうこともある。

（1）ネガティブになりやすい業務改善

　そもそも仕事のやり方を変えるというのは，多くの人々にとって面倒くさい話なのだ。これまで慣れ親しんだ仕事を続けるほうが楽であり，ましてロボットを活用するというのはITに弱い人からすれば嬉しいわけがない。「ロボットを使えば仕事が楽になりますよ」と言っても，別に今の仕事が辛いと思っている人ばかりではないだろうし，仕事が早く終わっても早く帰れるわけではないので，意味がないと思う人もいる。

　つまり社長や部門長は業務改善によって自身の成績がアップするかもしれないが，末端の従業員にとっては業務改善自体にインセンティブがそれほどわか

ないと考えたほうがよい。

（2）プロジェクトはボート漕ぎ

　プロジェクトとは，川の下流から上流に向かってボートを漕ぐようなものだ。頑張って漕ぎ続けなければ前に進まず，手を休めると下流にどんどん流されていき，どこかで座礁する。「RPAは素晴らしいツールなので，現場に支給すればみんな使うだろう」などということはまずない。プロジェクトを推進するために，かなりエネルギーを注がなければ，ほっておくと自然に頓挫する性質があるということだ。

（3）プロジェクトを成功に導くために

　ボートはうまく操縦すれば着実に前へ進み，目的地へ到着することができるが，プロジェクトもうまく運営すれば確実に前へ進めることができる。そこで本章では，プロジェクトを成功に導くための「8つのポイント」について説明する（**図表5－1**）。

図表5－1　プロジェクトを成功に導く8つのポイント

①プロジェクト化する…………日常業務と切り離し，締切りを作る

②トップダウンの推進…………メンバーのモチベーションアップと協力体制作り

③阻害要因を取り除く…………阻害要因を特定した上で対応策を講じる

④適切な体制作り………………プロジェクト特性に合った推進体制を選択する

⑤適切な会議体の運営…………正しい管理フォーマットを用いる

⑥ミニチームによる活動………プロジェクト作業を1人でやってはいけない

⑦早い成功体験…………………RPAの理解，実現性の実感，効果の実感

⑧小さく作って大きく育てる…小さく始めよ，そして大きく育てよ

2．プロジェクト化する

　RPA導入は従来の現場改善のように日常業務の1つと見なされがちだが，必ずプロジェクト化しなければならない。プロジェクト化するという意味は，日常業務の一環として効率化を実施するのではなく，日常業務とは切り離して「プロジェクト活動」と位置づけることである。それでは，なぜプロジェクト化する必要があるのだろうか。

（1）日常業務と切り離す

　日常業務には優先順位が存在する。最優先でやるべき業務と後回しでもかまわない業務がある。一般的に顧客に関わる業務は優先となり，社内業務は優先されないことが多い。そのような優先順位に慣れている人は，業務改善を後回しにしてしまう傾向がある。もっとひどい場合は，「手が空いていたらやればいい」くらいに捉えてしまう。「本業優先」というのは，実はプロジェクトが頓挫する典型的なパターンなのだ。

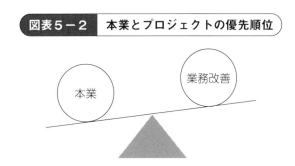

図表5−2　本業とプロジェクトの優先順位

　もしかすると本業優先は正しいのかもしれない。顧客を後回しにして業務改善を優先するのはビジネスとして本末転倒とも考えられる。しかし問題は，本業優先を「言いわけ」にして面倒くさいプロジェクトから逃げるケースがあるということだ。本当は改善活動をサボっていただけにもかかわらず，「仕事が

急に増えたので…」とか，「顧客対応で忙しく…」という言いわけに使われてしまうのだ。

　そこで本業とプロジェクトを分ける必要がある。本業とプロジェクトの間に優先順位はなく，本業は本業，プロジェクトはプロジェクトとして別の管理をするのだ。つまりプロジェクトを日常業務と切り離し，それぞれのスケジュールに沿って実行するかたちをとる必要がある。これが「プロジェクト化する」という意味合いだ。

（2）締切りをつくる

　締切りのない作業というのは終わらない可能性がある。常に「対応中」や「検討中」というステータスのまま進まない。業務改善で対応中や検討中という言葉は，何もしていないことを指す。締切りがない場合，対応中としておけば何も問題がない。

　プロジェクトには必ず責任者，アウトプット，締切りが存在する。つまり「誰が，何を，いつまでにやるか」が決まっている。したがって業務改善をプロジェクト形式で行うということは，実行に「強制力」を持たせることになるのだ。

　プロジェクトには必ず「始まり」と「終わり」があり，これが日常業務とは異なる点だ。一定期間後に必ず終わりがあるため，個々のタスクにも必ず締切りがある。逆に言えば「締切りをつくる」ためにプロジェクトという方式を利用するのである。

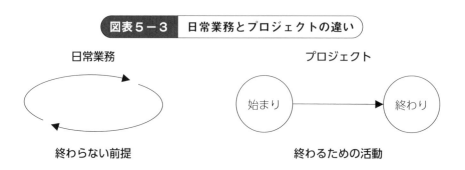

図表５−３　日常業務とプロジェクトの違い

日常業務　　　　　　　　　　　　プロジェクト

始まり　　終わり

終わらない前提　　　　　　　　　終わるための活動

3. トップのリーダーシップ

　業務改善を推進する上で重要なのが「トップのリーダーシップ」である。特にRPA導入のように非日常的な活動を推進するためにはトップのリーダーシップが必須となってくる。

　よく業務改革などではリーダーシップが重要と言われるが，RPA導入では具体的にどういうことであろうか。

（1）トップのリーダーシップが必要な理由

　業務改善においてトップのリーダーシップが重要となる理由は，①プロジェクトメンバーのモチベーション維持，②関係者の協力体制作り，③RPAの特殊性の3つがある。

①　プロジェクトメンバーのモチベーション維持

　プロジェクトメンバーはトップの「強い思い」を感じて苦労を乗り越えることができる。メンバーはプロジェクト以外にも，通常業務を抱えていることが多く，業務改善を実行するために多大な労力を払うことになる。好きでやっているわけではなく，責任感で頑張ろうとする人が多いはずだ。そのプロジェクトメンバーのモチベーションをキープするためにはトップの強い関与が不可欠となる。

②　関係者の協力体制作り

　プロジェクトメンバー以外の関係者を動かすことにもトップのリーダーシップが重要だ。関係者が協力的でなければ，当然のことながら業務改善はうまく進まない。一方，関係者も本業で忙しいはずで，本業以外の活動は優先度が下がる可能性がある。そこでトップのリーダーシップによってプロジェクトの重要性を伝え，優先順位を上げてもらわなければならない。

③ RPAの特殊性

　よく業務改善を現場改善型で行うことも多い。これはトップダウンではなく，ボトムアップのアプローチだ。現場の課題を一番わかっているのは現場の人たちであり，最も的確な解決策を出せるのも現場の人たちだからだ。

　しかしRPAの場合，ボトムアップだけではうまくいかない。なぜならば，現場の人たちはRPAに詳しいわけではなく，RPAを前提にした場合の課題や解決策にピンとこない人たちだからだ。そのため，現場へ任せきりにするとおそらく何も進まない。進められないという言い方が正しいであろう。そこでトップのリーダーシップによる後押しが必要となる。実際に活動するのは現場の人たちであるが，現場が提案してくるのを待って承認するような「ボトムアップ型」ではなく，自らの意欲を伝え，現場のやる気を引き出すような「トップダウン型」のリーダーシップが求められる。

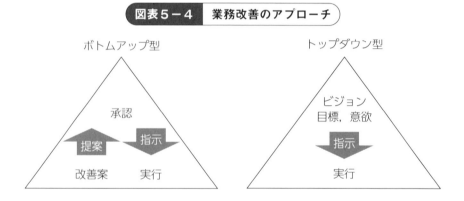

図表5-4　業務改善のアプローチ

（2）トップのリーダーシップとして実施すべきこと

　具体的にトップが実施すべきことは，①重要性の力説，②外部へのコミットメント，③成果のアナウンス，④実際の関与の4つがあげられる。

① 重要性の力説

　業務改善のような社内活動は本業優先のロジックで優先順位が低くなりがち

なことは述べてきたとおりだが，それでも非常に重要な取組みであれば優先順位は上がってくるはずだ。プロジェクトメンバーが「非常に重要だ」と言っても聞いてもらえないかもしれないが，トップが「非常に重要だ」と言えば，優先順位が一気に上がってくる。組織人とはそういうものだ。

　さらに重要性を「繰り返し」説明することも必要だ。たとえばプロジェクト開始前にトップが全社員に向けて重要性をアナウンスし，その後も月次の経営会議で説明し，社内報や社内ホームページでコメントをするなど，ありとあらゆる機会と媒体を通じて重要性を繰り返し力説するほうがよい。人々の興味は時間とともに薄れるため，プロジェクトの推進力をキープするためには，しつこく何度も繰り返さなければならない。

②　外部へのコミットメント

　トップの意欲を示す上で効果的な方法が「外部へのコミットメント」である。たとえば企業のニュースリリースでRPAの取組みをアナウンスするという方法が 1 つだ。実際に多くの企業がRPAの取組みに関してニュースリリースを発表している。事例で紹介した三井住友フィナンシャルグループも「生産性向上の実現に向けたRPAの活用について」というニュースリリースを発表し，具体的な数値目標まで述べている。

　ニュースリリース以外にも，雑誌のインタビューなどでコメントを載せたり，中期経営計画や決算発表資料などでRPAの取組みに触れたりしてもよい。このような外部への公表はトップの意欲や覚悟を示しており，外部にコミットメントしたからには，プロジェクトメンバーや関係者も優先順位を上げざるをえなくなる。

③　成果のアナウンス

　トップは意欲を示すだけでなく，成果をアナウンスすることもプロジェクトの士気を高めるために有効だ。苦労して成果を出すことができたプロジェクトメンバーにとって，トップがその成果をアナウンスしてくれることには大いに慰労されるであろう。また頑張っている最中のメンバーにとっても，先陣が成果を出したことに勇気づけられるであろうし，自分たちも早く成果を出したい

138

と動機づけされるはずだ。

　これはトップがアナウンスすることに意義がある。会議で担当者が進捗報告すればよいというものではない。プロジェクトがトップの優先事項であり，トップの期待がかかっているというメッセージが重要なのだ。

④　実際の関与

　言葉だけでなく実際の関与も行ったほうがよい。たとえばプロジェクトの定例ミーティングにトップも同席するというのが1つの方法だ。ただし会社の規模やミーティングの頻度によっては物理的に同席が困難かもしれない。しかし最近ではオンラインによる参加も普通になってきているため，最初の5分だけでも参加すれば一定のリーダーシップを発揮できるはずだ。

　また定例ミーティングとは別に，トップが同席する「報告会」を開催してもよい。プロジェクトの定例ミーティングがプロジェクトメンバー向けであるのに対し，報告会は全社員向けのミーティングだ。そして報告内容は特に「プロジェクトの成果」を主眼にし，取組みを盛り上げることをねらう。このようなイベントは，社内の改革マインドを高めることにつながる。

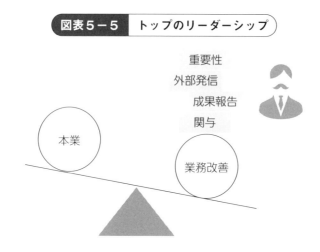

図表5－5　トップのリーダーシップ

４．阻害要因を取り除く

　RPA導入のプロジェクトでは，人や組織の「抵抗」が伴う場合も多い。声を大にして反対する人もいるが，多くは水面下で無言の抵抗をする。このような無言の抵抗は決して無視できず，プロジェクトが途中で立ち消えになったり，骨抜きにされたりする可能性がある。ここではプロジェクトを推進する上での「阻害要因」について，その問題点と対応について説明する。

（１）なぜ人は抵抗するのか

　なぜRPA導入に抵抗する人たちがいるのだろうか。これは，もともと人は変化が好きではないからである。慣れ親しんだこれまでの環境に対して，よく見えない新しい環境へ移ることには，誰しも「漠然とした不安感」を持つ。RPA導入といっても「これはリストラではないか，自分はクビになるのではないか」と不安に思う人もいるかもしれない。また年配者やシステムが苦手な人にとっては，「新しいテクノロジーについていけないのではないか」と不安になることもある。

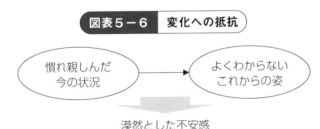

図表５－６　変化への抵抗

慣れ親しんだ今の状況　→　よくわからないこれからの姿

漠然とした不安感

・自分は不利益を被るかもしれない
・RPA…？わしはシステムはわからん！
・前も業務改革で失敗したではないか…

　このような漠然とした不安を抱える人は，必ずしも積極的な反対活動をする

わけではないが，協力を拒んだり，効率化できない理由を一生懸命説明したりする。つまり「後ろ向き」ということだ。このような不安感をいかに軽減し，安心感，期待感へ転換できるかがポイントとなってくる。

図表5−7　抵抗の強度

拒絶　抵抗　中立　賛同　コミット

（2）抵抗を引き起こす要因

　抵抗する要因は企業や人によってさまざまである。たとえば，ある企業では取組みの説明が不十分で，何をやりたいのか，何を目指しているのかが誰にも理解されず，プロジェクトを始める前から紛糾してしまったことがある。これはコミュニケーションの失敗であった。

　また別の企業では，数年前に大規模なシステム導入で大失敗をしたため，新しいシステムの導入に最初からアレルギーを持っていた。このような状況で，いくらコミュニケーションを行っても最初から聞く耳を持たないため，取組みの説明だけではまったく聞き入れられなかった。このケースでは取組みを説明する前に，まず過去の失敗プロジェクトを総括し，いったんアレルギーを取り除く作業が必要であった。つまりプロジェクトの阻害要因をきちんと特定し，それに合わせた対応をしなければ意味がないということだ。

　RPA導入に抵抗を示す理由には，他にも次のようなものがある。

- そもそも改善の必要性を感じていない（＝問題意識の欠如）
- 取組みに対する理解不足（＝誤解）
- 多忙（こっちは忙しいのに余計なことをしてくれるな）
- ネガティブマインド（どうせうまくいかないだろう）
- 社内のパワーゲーム（あいつに主導権はにぎらせない）
- 無関心（どうでもいい）

（3）阻害要因への対応

　小さな会社が小さく始めるRPA導入には阻害要因など最初からないかもしれない。逆に大手企業が大規模なRPA導入を始める場合は，それなりの対応策が必要と思われる。関係者が多くなればなるほどコミュニケーションが行き届かなくなり，人と人との軋轢も生まれやすくなるからだ。

　また阻害要因の有無は企業のカルチャーにもよるため，人や組織の抵抗に心配がなければ特に対応も不要だが，心配が少しでもある場合は一度調べてみたほうがよい。

　阻害要因への対応は**図表5－8**のような2つのステップで行う。

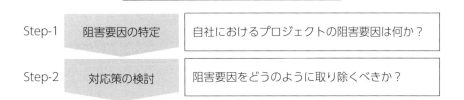

| 図表5－8 | 阻害要因への対応ステップ |

| Step-1 | 阻害要因の特定 | 自社におけるプロジェクトの阻害要因は何か？ |
| Step-2 | 対応策の検討 | 阻害要因をどうのように取り除くべきか？ |

①　阻害要因の特定

　まず何が阻害要因かを特定する必要がある。本章ではRPA導入に抵抗を示す要因をいくつか例示しているが，これはあくまで一般論であって，企業固有の阻害要因は調べた上で個別に対応しなければならない。先ほどの例のように，過去の失敗がアレルギーになっているような個別の要因は，一般論からは出てこないからだ。

　阻害要因を特定するためは，ステークホルダーに対してヒアリングをする方法が早い。この場合のステークホルダーとは，プロジェクトの推進に影響を及ぼす人たちを指し，**図表5－9**のように大きく3者に分かれる。

142

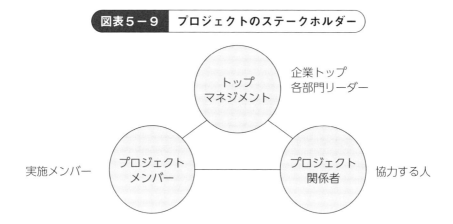

図表5-9　プロジェクトのステークホルダー

トップマネジメント　企業トップ　各部門リーダー

プロジェクトメンバー　実施メンバー

プロジェクト関係者　協力する人

　プロジェクトメンバーに後ろ向きの人がいるとプロジェクトは進まない。自分への不利益の心配や，ITへの苦手意識などはプロジェクトメンバーの典型的な不安要素だ。

　プロジェクト関係者とは，プロジェクトメンバーへ協力する周りの人たちを指す。この人たちは全面的に協力してくれる必要があるが，プロジェクト関係者も本業で忙しかったり，そもそも無関心であったりすると，プロジェクトが遅々として進まない可能性がある。

　トップマネジメントとは，企業のトップと各部門のリーダークラスが含まれる。プロジェクト関係者の上司にあたるわけだが，リーダーが取組みに後ろ向きであると，その部下たちは協力しづらくなる。部門には部門の優先事項があるため，リーダーによっては取組みを軽視する人もいるかもしれない。

　またリーダークラスになると積極的に反対活動をしたり，ネガティブな言動をとったりする人もいる。その理由もさまざまで，リーダー間の利害関係が背景にあったり，性格的に大きな声を出したがる人であったり，あるいは存在感や影響力を誇示したいだけの人もいる。

　いずれにしても3つのステークホルダーを対象にヒアリング調査を実施する。具体的には，ヒアリングすべき対象者をリストアップし，事務局が中心となってヒアリングを行い，各自の持っている不安要素，課題感，積極性について調査する。

　ただし本心はなかなか言わないかもしれない。本当は消極的であっても，後ろ向きとのレッテルを貼られることを恐れ，言葉では積極的と言うかもしれない。その場合は，「周りの人はどう感じているか」を聞いたほうがよい。自分のことは言いづらくても，他人のことは言いやすいからだ。そうすると，たとえば「年配の方はパソコン操作を心配している」とか，「○○部長はRPAにネガティブだ」といった本音が聞ける可能性が高い。もちろんヒアリングの匿名性は約束しておかなければならない。

②　対応策の検討

　阻害要因が明らかになれば対応策はおのずと見えてくるはずだ。たとえばパソコンへの苦手意識が壁になっていることがわかれば，事前にパソコンのトレーニングを実施したり，ITヘルプデスクなどのサポート機能を用意したりする必要があるだろう。またリストラへの警戒心がネックになっている場合には，効率化した後のリソース余剰をどのように扱うつもりなのかの考え方について，ていねいに説明すべきである。他にも**図表5－10**のように，さまざまな対応が考えられるはずだ。

　重要なことは阻害要因を特定した上で，ファクトにもとづいた対応策を講じることである。やみくもに考えられる対応策を打っても非効率であろうし，本

図表5－10　阻害要因への対応策（例）

阻害要因	対応策
リストラへの警戒心	余剰リソースに対する考え方の表明
パソコンへの苦手意識	トレーニングの実施，サポート体制の構築
以前の失敗に対するアレルギー	前回の反省と今回の違いについての説明
問題意識の欠如	問題意識を喚起させるための説明
取組みに対する理解不足	部署ごとのタウンミーティングの実施
多忙	取組みの重要性の強調，リーダーの協力要請
ネガティブマインド	早い成果のアナウンス
社内のパワーゲーム	トップダウンによる推進，協力体制作り
無関心	従業員へのインセンティブプランの検討

当に必要な対応策にならない可能性がある。「へたな鉄砲も数撃ちゃあたる」とならないように気をつけたほうがよい。

少し難しいのが声の大きいリーダークラスへの対応だ。特に大企業では，何をするにしても最初からけんか腰になる人が時々いる。そしてプロジェクトを頓挫させるに十分な発言力や影響力を持っている。

このような場合，プロジェクト推進へ特に影響力のある人を「キーマン」と位置づけ，特別なコミュニケーションプランを用意して対応にあたることが解決策の1つとなる。これを「キーマンマネジメント」と呼ぶ。

プロジェクトに批判的なキーマンは，うまく味方につけると逆に強力な推進者になってくれることが多い。批判的だからといって無視したり，会話を避けたりすると，ますます反対姿勢を強める。対応策はむしろ逆で，コミュニケーションを密にとることだ。

声の大きいリーダーは言いたいことがあるので，その言いたいことを積極的に聞きに行く。キーマンにサプライズがないように，何かアナウンスする場合には必ず事前に説明をしておく。定例ミーティングにあえて出席してもらってもよい。密にコミュニケーションをとり続ければ，そのうち理解してもらえるはずだ。

このようなコミュニケーションプランを作るには，まずキーマンを特定しなければならない。これは阻害要因の調査でわかってくるはずだ。そして，それぞれのキーマンに対するアクションを計画する。具体的には**図表5－11**のよ

図表5－11　キーマンのコミュニケーションプラン

キーマン	アクション	頻度
○○社長	1．プロジェクトの進捗報告 2．プロジェクト運営への意見ヒアリング	1回/月 1回/月
○○部長	1．進捗会議への出席 2．進捗会議資料の事前説明	1回/週 1回/週
○○室長	1．進捗会議への出席 2．進捗会議資料の事前説明 3．個別ディスカッションの実施	1回/週 1回/週 1回/月
：	：	：

うなイメージだ。

　本来，コミュニケーションプランとはキーマンだけではなく，すべてのス
テークホルダーに対して用意すべきものである。プロジェクトをうまく推進し
ていくためにはコミュニケーションのやり方が非常に重要だからだ。

　ここでは阻害要因のトピックでキーマンを取り上げたが，もしリーダークラ
スに特別な対応が必要ない場合でも，コミュニケーションプランはプロジェク
ト運営にプラスになるため，すべてのステークホルダーを対象に検討してみる
とよい。

5．適切な体制作り

　プロジェクトを推進するには，適切な体制作りが不可欠である。適切な体制
とは，自社の企業規模，組織体制，プロジェクトのサイズ，アプローチ，スキ
ルレベルに適したプロジェクト推進体制のことである。たとえば大規模プロ
ジェクトにもかかわらず全体をコントロールする事務局を作らなかったり，
RPAのスキルレベルが低いにもかかわらずサポート体制を用意しなかったり
すると，当然プロジェクトはうまくいかない。

　適切な体制は一義的にプロジェクトサイズに依存する。第3章で推進体制の
各論点は説明したが，ここでは具体的な体制の選択肢と留意点について，小規
模プロジェクトと大規模プロジェクトに分けて説明する。

（1）小規模プロジェクトの推進体制

　小規模プロジェクトとは，中小企業が少人数でRPA導入を行うケースや，
大企業が1つの部門を対象に小さく始めるケースを指す。小規模プロジェクト
が取りうる推進体制は**図表5−12**のように3つのパターンが考えられる。

①　社内のみの体制

　スモールスタートで多いのが「社内のみ」の体制である。自分たちでRPA

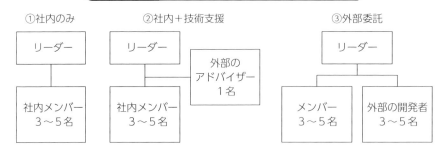

図表5−12　小規模プロジェクトの体制パターン

を勉強しながら，「できるところからやってみる」というアプローチだ。取組みに時間がかかるが，費用は低く抑えられ，リスクも小さいため，トライアルのような位置づけで進めやすい体制だ。状況を見て必要であれば拡大していけばよい。

②　社内＋技術支援の体制

　小さく進めるにしても技術的な不安がある場合，外部のアドバイザーに参画してもらう体制が考えられる。アドバイザーにはあくまで助言をしてもらうだけであり，RPAの開発は自分たちで行う。社内にスキルが蓄積されてくれば，社内のみの体制に切り替えてもかまわないだろうし，同じ体制で規模の拡大やスピードアップをねらうことも可能だ。

③　外部委託の体制

　この体制は従来のシステム開発に近い。「餅は餅屋」という考え方で，自社は本業に専念し，システムは外部のエンジニアに任せるという体制だ。最も効果を早く刈り取れる体制だが，その分の費用も多くかかってしまう。投資対効果をよく勘案する必要がある。

　中長期的に社内へ技術移転をし，内製化を目指すことも可能だが，それであれば②のアドバイザー体制のほうが適している。③の外部委託体制では完全に分業化されてしまうため，従業員の学習効果は期待できない。

（2）大規模プロジェクトの推進体制

　大規模プロジェクトとは，複数のチームが同時並行で取組みを行うケースを指す。この場合は**図表5-13**のように全体を管理する事務局が必要となる。

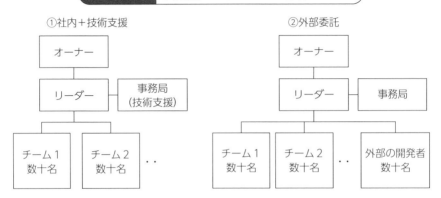

図表5-13　大規模プロジェクトの体制パターン

①社内＋技術支援

- オーナー
- リーダー ― 事務局（技術支援）
- チーム1 数十名 / チーム2 数十名 / ‥

②外部委託

- オーナー
- リーダー ― 事務局
- チーム1 数十名 / チーム2 数十名 / ‥ / 外部の開発者 数十名

　事務局とはプロジェクト全体の運営をサポートするチームで，プロジェクトリーダーの補佐役として，プロジェクト全体の計画策定，実行支援，技術支援，進捗管理，課題管理などを行う。PMO（Project Management Office）とも言う。大企業では「RPA推進室」といった組織を常設しているところも多い。

①　社内＋技術支援の体制

　大規模プロジェクトの場合は，それなりのスピード感を持って進めていくため，技術支援は必須になってくる。図表5-13の体制図では，技術支援を事務局の一部として表現しているが，別の独立したチームでもかまわない。

　社内に情報システム部門があるなど，技術支援ができる人材がいる場合は社内のみで体制を組めるが，もし社内に適任者がいない場合は外部の専門家に委託する必要がある。いずれにしても技術支援はアドバイスだけであり，実際のRPA開発はユーザーが行うことになる。

　技術支援チームを作ることには一定の合理性がある。これはRPAのスキル

が組織に散在しているよりも，1カ所に集約して組織横断的な活動をしたほうが貴重なスキルを最大限活用できるからだ。これをCoE（Center of Excellence）と呼び，RPA導入などのDXではよく用いられる体制である。DXなどへ長期的に取り組む場合には，CoEをプロジェクトチームの位置づけではなく，組織として設置するというのも1つの考え方だ。

② 外部委託の体制

　外部委託の体制は，大企業でよく用いられるパターンだ。最も費用がかかるが，最も大きな成果を早く刈り取れる体制である。大手企業の事例で，短期的に何千時間もの業務削減に成功しているケースがあるが，これは社内リソースだけで実現できるものではない。業務の改善効果が見えている場合は，外部の活用も合理的な手段となる。

　外部委託のメリットの1つは，プロジェクト推進に強制力が働き，緊張感を持って進められる点である。社内だけで取り組むと，それほど緊張感もなく，ずるずるとスケジュールが後ろ倒しになりがちだ。なぜならばプロジェクトが少しくらい遅れても誰も困らないからだ。しかし，外部ベンダーは一定の期間内に一定の成果をコミットして契約しているため，プロジェクトの遅れなど許されない。企業側の都合でスケジュールを変更するならば，ベンダーから追加費用を請求されるであろう。つまり推進に強制力が働く。

　一方，外部委託した場合の課題は，ユーザーによる継続的改善をどうするかという点だ。ユーザーが継続的改善を行うことはあきらめて，従来のシステム開発と同じように，システム改修はすべて外部委託するという割り切り方もあるだろう。また外部委託しないまでも，社内のCoEが対応するという方法もある。いずれにしても，短期的な効果の刈り取りと，長期的な改善をどうバランスさせるかの検討が必要だ。

6．適切な推進会議の運営

　プロジェクトを着実に進めるためには適切な推進会議の運営が重要となる。推進会議とは，プロジェクトの進捗管理や課題管理を行う定期的なミーティングを指し，RPA導入では週次サイクルで実施することが多い。ここでは進捗管理と課題管理のポイントを説明する。

（1）進捗管理のポイント

　プロジェクトの進捗管理によく使われる管理フォーマットが**図表5－14**のような「ガントチャート」である。よくあるスケジュール表だが，適切な進捗管理を行うには，ガントチャートのフォーマットの作り方にいくつかポイントがある。

図表5－14　ガントチャート

RPA推進スケジュール

タスク	状況	7月 1月	2火	3水	4木	5金	8月	9火	10水	11木	12金	15月	16火	17水	18木	19金	…	主管	支援	アウトプット
改善案1：支払業務																				
現行業務フローの作成	完了	■	■	■	■	■												田中	南	現行業務フロー図
新業務フローの作成	18日完了予定						■	■	■	■	■	■	■					田中	南	新業務フロー図
RPAの設計	進行中											■						田中	南	設計概要図
RPAの開発・テスト	未着手													■	■			田中	南	操作マニュアル
：																				

本日

　実際に使い方の間違ったガントチャートを現場でよく見かけるが，その特徴は①実績を入れる欄がない，②タスクが大きすぎる，③アウトプットが不明確，

④状況を表す欄がない，の4つがある。

① 実績を入れる欄がない

　図表5−15は，予定の部分に実績を上塗りして表示している例である。実際によく見かける表示方法だ。図表の左側は予定に対して実績が進捗している様子がわかるが，図表の右側では予定を超過してしまったため，元の予定が見えなくなっている。これではどれくらい予定を超過しているかわからない。図表5−14のように，上段に予定，下段に実績と分けて表示するのが正しい。

図表5−15　実績の欄がないケース

タスク	状況	7月						
		1	2	3	4	5	8	9
		月	火	水	木	金	月	火
改善案1：支払業務								
RPAの設計	進行中							

この場合は予実がわかるが…

タスク	状況	7月						
		1	2	3	4	5	8	9
		月	火	水	木	金	月	火
改善案1：支払業務								
RPAの設計	進行中							

これでは予定が見えない…

② タスクが大きすぎる

　図表5−16は，1つのタスクが大きすぎる例だ。図表では3日目まで実績が入っているが，このまま行けば実績が毎日1つひとつ進むだけであって，順

図表5−16　タスクが大きすぎるケース

タスク	状況	7月														
		1	2	3	4	5	8	9	10	11	12	15	16	17	18	19	…
		月	火	水	木	金	月	火	水	木	金	月	火	水	木	金	…
改善案1：支払業務																	
業務の設計	進行中																

調なのか遅れているのかわからない。タスクが適切にブレークダウンされていないため，進捗管理の意味をなしていない。

　それではタスクはどれくらいの大きさが適切なのだろうか。一般的に1つの作業量が40時間以下で完了できる単位が目安となり，これを「40時間の原則」と呼ぶ。40時間というと1人が1週間働くサイズだが，進捗管理を週次で行っていると1週間ごとに次のタスクへ進展するため，ちょうどよいサイズと言える。

　ただし，これもケースバイケースで，担当者がフルタイムで作業をしていない場合は40時間のタスクに何週間もかかるだろうし，1つのタスクを複数人で担当する場合は40時間のタスクでは小さすぎるかもしれない。したがって進捗管理のタイミングを勘案して適切なサイズを選ぶ必要がある。またRPAの場合は開発期間が短いため，もう少し小さな単位で計画するほうが管理しやすいと思われる。

③　アウトプットが不明確
　ガントチャートでは，**図表5-17**のように担当者とアウトプットを明示す

図表5-17　アウトプットと担当者の明記

タスク	状況	7月 1 月	2 火	3 水	…	担当 主管	支援	アウトプット
改善案1：支払業務								
現行業務フローの作成	完了				…	田中	南	現行業務フロー図
新業務フローの作成	18日 完了予定					田中	南	新業務フロー図
RPAの設計	進行中					田中	南	設計概要図
RPAの開発・テスト	未着手					田中	南	操作マニュアル

べきである。これは進捗管理のためというよりは，タスクを確実に実行するために必要なことだ。つまり，誰が責任をもってこのタスクを完遂するのか，何をもってこのタスクを完了とするのかを明確化しておく。当たり前のことではあるが，スケジュールは担当者とアウトプットが決まってはじめて実効性のある計画となる。

④　状況を表す欄がない

　図表5−18の左側には「状況」という欄があるが，この状況欄がないガントチャートには問題がある。図表の右側は状況欄がないため，たとえば「業務の設計」というタスクは完了しているのかどうかわからない。また「RPAの設計」は予定超過しているが，終わる見通しが立っているのか心配になる。図表の左側のように「9日完了予定」というような「見通し」が必要だ。わざわざ聞かないとわからないような表ではなく，見ればわかるような表にすべきである。

図表5−18　状況の欄がないケース

タスク	状況	7月						タスク	7月					
		1	2	3	4	5	8		1	2	3	4	5	8
		月	火	水	木	金	月		月	火	水	木	金	月
改善案1：支払業務								改善案1：支払業務						
業務の設計	完了							業務の設計						
RPAの設計	9日完了予定							RPAの設計						

　このように進捗管理を適切に行うには，「適切な管理フォーマット」が前提として必要になる。最近はガントチャートのソフトウェアも充実しているため，手作業でチャートを作る手間と時間を考えると，ツールを活用することも視野に入れるとよい。

（2）課題管理のポイント

　プロジェクトではさまざまな課題が発生するが，これらの課題は推進会議で管理する必要がある。課題管理を行う目的は，課題が放置されたり，後回しにされたりして，プロジェクトが滞ることを防ぐためである。また課題管理を推進会議で扱う目的は，課題を1人で抱えて身動きが取れなくなってしまわないように，プロジェクトとして課題を認識し，プロジェクトとして早期に解決するためである。

①　課題管理表のフォーマット

　課題管理は一般的に**図表5－19**のような課題管理表を使う。図表では項目を必要最小限にしているが，これ以外にも課題No，課題タイトル，影響範囲，完了条件，対応結果，対応完了日などを追加してもよい。ただし，あまり項目が多いと見づらくなることに注意する。

図表5－19　課題管理表

起票日	起票者	重要度	課題内容	対応方針	対応者	期限	ステータス
7/9	清水	中	会計仕訳用のCSVファイル作成で一部に文字化けが起きている	ベンダーに問合せ	N社高橋	7/10	済
7/9	木村	低	販売システムの商品マスタに未登録があり，RPAのテストができない	営業部に登録を依頼	柳瀬	7/15	対応中
7/10	加藤	高	RPAの処理中に経理部のパソコンがフリーズする場合がある				未着手

②　課題管理表の運用方法

　プロジェクトで発生した課題は，重要度にかかわらずすべて記載することが原則である。しかし，すぐ解決したような小さな課題も記載するかどうかはプ

ロジェクトで方針を決めたほうがよい。これは簡単な課題でも共有することに価値がある場合もあるからだ。

　管理表はメンバーで共有するため，ファイルは共有フォルダなどに置き，メンバーがいつでも自由に追加，更新できるようにしておく。また課題は1週間まとめて更新するものではなく，発生したその時に随時記載する。

③　推進会議での課題管理
　課題管理表にのせた課題は，次の推進会議を待って対応するのではなく，担当レベルですぐに対応に移す。ただし課題の内容によっては，自分で対応方針を決められなかったり，対応者が誰なのかわからなかったりするため，その場合は推進会議で対応方針を決めてもらう。

　推進会議では，ひととおり課題管理表に目を通し，適切に対応が取られているかどうか確認する。対応方針が決まっていなかったり，未対応のまま放置されていたりする課題は，プロジェクトとして適切な対応をとる。

④　会議の頻度について
　課題管理を推進会議とは別の会議体で行う場合もある。これは課題に対して，もっと早い対応が求められる場合があるからだ。プロジェクトによっては，毎朝30分くらいの課題管理会議を行っているところもある。

　会議の頻度をどうするかはプロジェクトの状況によるところが大きい。日々の課題対応を担当レベルでスムーズに行えるのであれば，おそらく推進会議と同じ週次のタイミングで問題ないであろう。しかし，ほとんどの課題を会議の場で決めなければ進まないようなプロジェクトでは，会議の頻度を上げざるを得ない。たとえば大規模プロジェクトで関係者が大勢いるような場合，担当レベルが勝手に動くと現場が混乱するため，推進会議などで課題対応の優先順位を決めるなど交通整理が必要なプロジェクトもある。

７．ミニチームによる活動

　プロジェクトの作業は，「１人でやらない」というのが原則だ。たとえば，ある業務を担当する人が１人しかいない場合，その現行業務フローを書くのはその人しかいないと思うかもしれない。しかし実際は２〜３人のチームで行ったほうが生産的だ。つまり「ミニチーム」で活動することがプロジェクトを成功させる要因の１つなのである。

（１）ミニチームのメリット

　日常業務のように作業内容がわかっている場合は，作業を分担したほうが効率的に進む。しかし業務設計やRPA開発のように，多くのユーザーにとって初めて取り組む作業は，「分担」するよりも「協力」することのほうが効果的である。

　ミニチームによる活動のメリットは，①モチベーションの維持，②アウトプットの品質向上，③高い学習効果の３つがある。

①　モチベーションの維持

　初めて取り組む作業は誰にとっても大変であり，最初からすべてうまく進むわけでもない。当然のことながらモチベーションが低下してくる。１人で作業をしていると，途中であきらめたり，後回しにしたりしがちで，結果的にプロジェクトの遅延要因となる。

　チームで問題に対応することは１人でやるよりもはるかに精神的に楽であり，会議室でワイワイガヤガヤとディスカッションしながら作業することは，むしろ楽しいかもしれない。「作業を１人でかかえこまない」というのがプロジェクト推進の基本だ。

図表5−20　ミニチームによる活動

業務Ａ担当　　業務Ｂ担当　　業務Ｃ担当　　　　　　業務ABCチーム

各担当が別々に作業するのではなく…　　　　ミニチームで作業する

②　アウトプットの品質向上

　チームで検討したアウトプットは，１人で作成したものよりも品質が高いものになりやすい。複数の人の視点が入るため，「ここは違っているのではないか」，「もっとこうしたほうがいいのではないか」という議論の中で，アウトプットの品質が向上する。

　特に「改善案」を作る場面では，ブレーンストーミングなどのチーム活動が適している。業務担当者からすれば当たり前と思っていたことも，他の人から見るとそうではないこともあり，さまざまな発見やアイデアが期待できるからだ。「岡目八目」的な効果といえよう。

③　高い学習効果

　業務担当者にとって改善案の検討やRPAの開発は，普段と異なる知識や経験を必要とするが，チームで活動することによって「高い学習効果」が期待できる。自分の知らないことでも，ほかの人が知っていることもあるだろうし，その逆もある。チーム活動を通じてお互いの知識や経験を交換することは，高い学習効果につながる。

　またRPAに詳しい人がチームの中にいると，さらに高い学習効果が得られる。アジャイル開発でよく使われる手法に「ペアワーク」や「ペアプログラミング」という方法がある。このメリットの１つは，新人がベテランとペアで開発作業をすることにより，高い学習効果を得られるという点だ。もし外部のエンジニアと一緒に活動する場合には，従来のように役割分担をするのではなく，学習効果をねらってペアワークするというのも１つの考え方である。

（2）ミニチームの活動イメージ

　チームで活動するといっても，1日中チームでディスカッションするわけではない。**図表5−21**のようにディスカッションと個人作業を交互に繰り返すようなイメージだ。

図表5−21　チーム活動のイメージ

9:00-9:30		13:00-14:00		16:00-17:00
	個人作業		個人作業	
1日の活動確認		改善案のブレスト		資料のレビュー

　チーム活動をうまくやるためポイントは，①大人数にしない，②紙に落とす，③気軽に集まる，の3つである。

①　大人数にしない

　ミニチームを活動の最小単位と定義すると，その人数は2〜3人が適切で，多くても5人までがよい。たとえば，これが10人になると非生産的になる。スケジュールの調整だけでも大変だろうし，ディスカッションをしても大半の人は聞いているだけになってしまう。仮に関係者が10人いたとすれば何らかの基準で小さなチームに分割したほうがよい。

　Amazon創業者のジェフ・ベゾスCEOは「ピザ2枚ルール」を自社で設定している。これは「社内のすべてのチームはピザ2枚を分けあえる程度の小さなチームでなければならない」というルールだ。そのくらいの人数が最も効率的で，小さなチームは大きなチームより多くの仕事を成し遂げることができるという。ピザ2枚とは何人なのかは示されておらず，またピザのサイズもMなのかLなのかわからないが，「大人数はだめ」ということだけはわかる。

② 紙に落とす

　チームでディスカッションをしながら作業を進めるには，ディスカッションした結果をすぐ紙に落とすことが重要だ。これはディスカッションでは答えが出たように思っても，話した内容を紙に落としてみると答えになっていなかったり，間違いに気づいたりするからだ。ディスカッションだけで作業が終わった気になりがちだが，紙に落として再確認した上で終わりにしなければならない。

　またディスカッションは，アイデアを広げることや方向性を出すことには最適だが，詳細を詰めたり，最終化したりすることには向かない。つまり大雑把なことは得意で，細かいことは不得意なのだ。したがって，ディスカッションによって方向性が見えたならば，いったん紙に落として詳細を検討し，その紙をベースにあらためて続きのディスカッションを行うというような繰り返しが効果的である。

③ 気軽に集まる

　チーム活動はいつでも気軽に集まれる雰囲気が適している。正式な会議のように何日も前に予定を組むのではなく，「ちょっと行き詰ったので今からディスカッションにつきあってくれないか」というようなカジュアルな雰囲気で行うほうがよい。何かに行き詰ったにもかかわらず，翌日にミーティングを持ち越すようでは作業が進まない。

　また会議室だけで話をする必要もない。最近，新しいオフィスでは，ちょっ

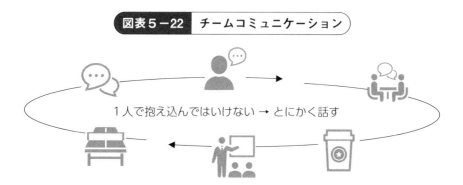

図表5－22　チームコミュニケーション

1人で抱え込んではいけない → とにかく話す

としたコミュニケーションスペースを用意する企業が増えている。背の高い
テーブルに集まって立ち話ができるスペースや，カフェのようなソファがある
ラウンジスペースなどである。これは短時間でのコミュニケーションがアイデ
アを生んだり，コラボレーションを促したりするからだ。チーム活動も同じで，
業務効率化のようにアイデアが求められる取組みでは，わざわざ会議室を予約
しなくても，5分くらい立ち話するだけで作業が進むことも多い。

8．早い成功体験

　ロボットの導入に対して，本当に効果があるのか懐疑的な人も最初は多いは
ずだ。RPAの効果をいくら言葉で説明してもなかなか伝わりづらいかもしれ
ないが，「百聞は一見に如かず」で実際に成功したところを見せると効果的で
ある。これはプロジェクト関係者に「早い成功体験」をしてもらうということ
だ。そして「自分もやりたい」，「これだったらあの業務もできるはずだ」と
思ってもらえればプロジェクトにいきおいがつく。

（1）早い成功体験の実現方法

　早い成功体験の実現方法には，①PoCのお披露目会，②クイックヒットの実
現の2つがある。

①　PoCのお披露目会

　PoCを行う場合は，これを早い成功体験に活用することができる。PoCの一
義的な目的は技術的な確認や操作性の評価であろうが，ついでにお披露目会を
行えばプロジェクト関係者の啓蒙にも役立つ。

　お披露目会は大きな会場で1回行うよりも，10～20人くらいの小さなグルー
プセッションを複数回行ったほうが効果的だ。集まった人たちがPoCに関わっ
た人とコミュニケーションして理解を深めることができる。

　また対象業務の選定にも配慮したほうがよい。あまり特殊な業務を見せても

集まった人達にピンとこないかもしれないため，わかりやすい業務を選んだほうが効果的である。

② クイックヒットの実現

　PoCを行わない場合はクイックヒットが次の成功体験のチャンスとなる。もちろんPoCにプラスしてクイックヒットを活用してもかまわない。これもPoCと同じように，お披露目会のような形式で広く関係者に紹介する。

　クイックイットはPoCよりも成功体験の効果が高い。PoCは一般的に外部ベンダーが行うため，成功体験といっても自分たちが成功したわけではない。しかしクイックヒットは自分たちが直接関与して作り上げたため，PoCよりも成功体験という名にふさわしい。

　クイックヒットの実現に関与した人たちは，いろいろ苦労もしただろうし，学んだこともあったであろう。その体験をシェアすることは，より伝わるメッセージになるはずだ。集まった人達にとっても，自分と同じようなスキルしかない従業員がRPAを実現できているので，「自分たちもできる」という実感を得るはずだ。

（2） 成功体験の継続

　初期の成功体験も時間とともに薄れていくため，成功体験には継続性も重要だ。PoCやクイックヒットは「実現性の成功体験」であり，効率化によって大きな効果を実感したわけではない。しかし次に「効果の成功体験」をすることができれば，プロジェクトの推進に拍車がかかるはずだ。そのために「社内の事例紹介」を定期的に実施することが望ましい。

　社内の事例紹介は，集まった人たちにヒントを与える。「あの業務が自動化できるということは，こっちの業務もできるのではないか」といった気づきを与える。つまり事例が多く共有されればされるほど，社内における改善機会が広がるのだ。そして改善機会が広がることによって関係者のモチベーションが維持・向上するという「善のスパイラル」に入る。

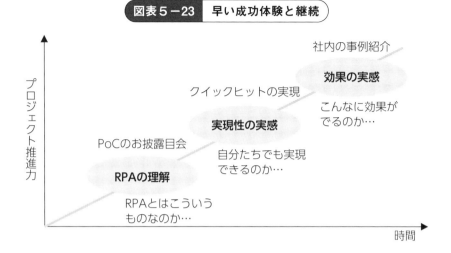

図表5-23　早い成功体験と継続

（縦軸）プロジェクト推進力

（横軸）時間

社内の事例紹介

効果の実感

こんなに効果が
でるのか…

クイックヒットの実現

実現性の実感

自分たちでも実現
できるのか…

PoCのお披露目会

RPAの理解

RPAとはこういう
ものなのか…

9．小さく作って大きく育てる

　メディアではロボットで何百人分もの業務を自動化したなどの事例が躍るが，RPAはEUC（End User Computing）ツールであり，本来は現場における小さな改善を積み重ねていくほうが適している。ユーザーが自分でRPA開発をするとなると，学習しながら進めるため，時間がかかってしまう。しかし，ユーザーがしっかりと学びの時間を経ることが長期的にRPAの「持ち味」を最大限に活かすことにつながる。したがってRPAは「小さく作って大きく育てる」というのが基本となる。

　「小さく作って大きく育てる」という言葉には2つの意味があり，1つは「小さく始めよ」であり，2つ目は「大きく育てよ」である。

（1）小さく始めよ

　RPAは使いながら学んでいくツールである。使ってみないと使えるようにならない。そのためには小さな改善でもかまわないので，ロボットを1つ作ることから始めたほうがよい。

　具体的にはクイックヒットから始める。そこで練習をした後に効果の大きい改善案に挑戦する。もしクイックヒットがない場合は，一番簡単そうな改善案から始めればよい。また１つの改善案に対しても，最初から100％をねらうのではなく，１つの取引先だけを対象にスタートしてみるとか，１カ月分だけを対象に実行してみるなど，できるだけ簡単に始められるように検討する。

（２）大きく育てよ

　重要なのはこちらのほうだ。システムは作ったら完了と思われがちだがRPAはそうではない。自分で少しずつ改善したり，ほかに拡大したりできるところがRPAの持ち味だからだ。むしろ作ってからが勝負となる。

　ではどのように大きく育てればいいのだろうか。考えるべき視点としては，①自動化の対象割合を増やせないか，②RPAの活用領域を拡大できないか，③同じ機能をほかの業務に横展開できないか，の３つがある。

①　自動化の対象割合を増やせないか

　これは自動化できている対象が100％ではない場合に，これを100％に近づけるための検討である。たとえば注文情報をデータで受け取るケースで，最初は一部の主要取引先だけを対象に自動化した場合，この対象取引先を徐々に増やしていくようなイメージだ。

　同じように，正常処理をロボットが処理し，例外処理を人が担当している場合，ルールを見直したり，RPAの設計を工夫したりすることにより，ロボットの処理割合を徐々に増やすことなどもあるだろう。

図表5－24　自動化対象の拡大

正常70%　　　　　　正常90%

例外30%　　　　　　例外10%

②　RPAの活用領域を拡大できないか

　1つの業務の中でも，RPAの活用を広げることができないか検討してみることも重要だ。たとえば**図表5－25**のように現状は一部の業務にRPAを活用している場合，上流工程や下流工程へもRPAを拡大できないか検討してみることも可能であろう。

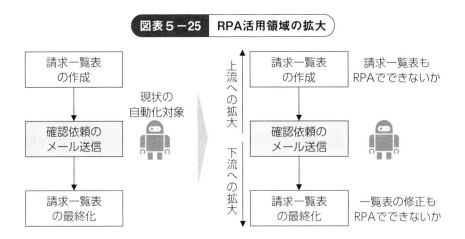

図表5－25　RPA活用領域の拡大

③　同じ機能をほかの業務に横展開できないか

　RPAには4つの適用パターンがあると説明したとおり，RPAの基本機能には限られたパターンがある。したがって1つのロボットを作ったならば，その機能をほかの業務へ横展開できることが多い。

　たとえば請求一覧表を自動作成するロボットを作成した場合，ほかの一覧表も同じように自動化できないか検討してみる。ロボットは1つ完成しているため，インプットとアウトプットは異なるだろうが，処理自体はほとんど同一の可能性があり，簡単に導入できるかもしれない。

第6章

運用体制の構築と
継続的改善

1. 運用保守に必要なドキュメント

　運用保守とは，システムが安定稼働するために行われるメンテナンスやトラブル対応などの管理業務を指す。ただしRPAは，継続的改善を前提としているため，RPAの修正や追加開発なども運用保守の1つに含まれる。

　運用保守を適切に行うにはドキュメントを整備する必要がある。ここまで業務効率化のドキュメントとして「業務フロー図」やRPAの「設計書」について説明してきた。これらのドキュメントはRPAを導入するために必要なものであったが，運用保守のためにも必要となるドキュメントである。

　一方，運用保守のためには，業務フロー図や設計書だけでは足りない。ここでは運用保守に必要なドキュメントについて説明する。

（1）ドキュメントの必要性

　RPAの導入後に継続的改善として修正を加えるには，現状のRPAがどのような設計になっているかを理解する必要がある。RPAを開発した本人が修正するのであれば，設計を理解しているためドキュメントは不要かもしれないが，担当者が変わる場合もあるため，設計を知らない人でも理解できるようにドキュメントを残す必要がある。

（2）一般的なシステム開発におけるドキュメント

　一般的なシステム開発に必要な主なドキュメントは，**図表6－1**のように要件定義書，基本設計書，詳細設計書，テスト仕様書がある。

| 図表6－1 | システム開発に必要なドキュメント |

ドキュメント名	内容
1．要件定義書	要求概要，課題と改善案，基本要件，目標，実現手段，システム化の範囲，概算費用，期待効果，体制図，スケジュール
2．基本設計書	業務フロー，システム構成図，ER図，テーブル定義書，機能一覧表，外部設計書（I/O関連図，画面レイアウト，帳票レイアウト）
3．詳細設計書	画面遷移図，内部設計書（I/O関連図，画面レイアウト，帳票レイアウト，項目定義書，更新仕様書）
4．テスト仕様書	単体テスト仕様書，結合テスト仕様書，総合テスト仕様書，結果報告書

　これらのドキュメントはすべて運用保守でも必要なものであるが，プログラムに修正を加えるためには，特に「基本設計書」と「詳細設計書」が重要となる。設計を理解するためだ。その2つだけでも膨大な量のドキュメントとなるが，ではRPAの場合も同じドキュメントが必要になるだろうか。

　RPAの場合にも同じドキュメントを残すべきだという意見もあり，特にRPA開発を外部委託した場合は，詳細なドキュメントを作成するベンダーが多いようだ。しかしRPA開発を従来のシステム開発と同じように行うと次のような問題が発生する。

①　コストメリットが相殺される

　第一の問題は，RPAの特徴であるコストメリットが相殺されてしまう点だ。ドキュメント作成はシステム開発の中でもかなりの時間を費やすため，図表6－1のような詳細なドキュメントを作成するとなると，開発費用も従来のシステム開発と変わらなくなってしまい，もはや簡易ツールではなくなってしまう。

② ユーザーが作成できない

　ユーザーが自分でRPAの開発を行う場合，これらのドキュメントを作成することはスキル的にまず不可能である。また外部ベンダーが開発する場合，エンジニアがドキュメントを作成することは可能だが，導入後にユーザーが理解できなければドキュメントの意味がない。

　以上の理由から，RPAのドキュメントは従来のシステム開発よりも，大幅に簡略化すべきと考えられる。

（3）RPA導入にかかわるドキュメント

　RPA導入にかかわるドキュメントは，**図表6－2**のように大きく4種類ある。ここまで1〜3のドキュメントについては説明してきた。従来のシステム開発のような基本設計書や詳細設計書などは作成せず，ユーザーでも作成できるような簡略化したドキュメントを推奨してきた。

　一方，4の運用保守に必要なドキュメントについては説明していないため，ここでは運用保守に必要な「処理コメント」について説明する。

図表6－2　ドキュメントの種類

ドキュメントの種類	ドキュメント名
1．業務改善に必要なドキュメント	現行業務フロー，新業務フロー
2．RPA開発に必要なドキュメント	RPA設計書（処理手順とルール）
3．RPAの利用者に必要なドキュメント	手順書（操作マニュアル）
4．運用保守に必要なドキュメント	処理コメント

　処理コメントとは，RPAの開発画面において処理内容を説明するコメントのことを指す。一般のプログラミングでも処理内容をソースコードにコメントとして書き込むが，基本的に同じ考え方である。

　ただしRPAの場合は，従来のプログラミングへのコメントと比較して，かなりわかりやすくコメントが書けるようになっている。これは多くのRPA製品が，エンジニアではない一般ユーザーでも直感的に処理内容を理解できるよ

うに，さまざまな工夫をしているからだ。

（4）RPAの処理コメント

　RPAの開発画面は製品によってさまざまだが，多くの製品ではユーザーが
直感的に処理を理解できるようにフロー形式の記述ができるようになっている。
またフロー形式でない場合でも，プログラミングのソースコードとは異なり，
図形を使ったビジュアルな開発画面になっている。**図表6－3**は，RPA開発
画面のイメージである。

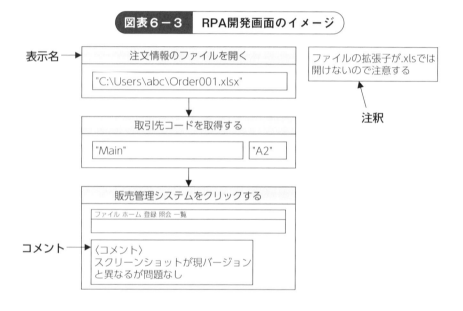

図表6－3　RPA開発画面のイメージ

　図表6－3を見ると，RPAの開発画面がすでにドキュメントのようにビジュ
アルになっているのがわかる。そしてさまざまなコメントを記載できるように
なっている。たとえば図表のフロー図は処理を記述している部分だが，「表示
名」に「注文情報のファイルを開く」といった記載をすれば誰でも処理内容が
わかる。また「コメント」や「注釈」なども記載できるため，この画面を見れ
ば設計を理解できるはずだ。逆に言えば，開発者は誰が見ても処理内容を理解

できるように，わかりやすく説明することが求められる。

（5）ドキュメント作成の注意点

　運用保守のドキュメントをどこまで詳細に作るかは企業やプロジェクト次第だが，ドキュメントには「メンテナンス負荷」が伴うことに留意しなければならない。

　RPAのように継続的改善を前提としている場合，当然のことながら頻繁にRPAへ修正を加えることになる。そして修正に伴ってドキュメントもアップデートしなければならない。つまりドキュメントが詳細であればあるほど，ドキュメントのアップデートも大変になるわけだ。ここが修正の頻度が低い通常のシステム開発とは異なる点である。

　ドキュメントのメンテナンス対象をどこまで遡るかも決めなければならない。これは新業務フローやRPA設計書など過去作成したすべてのドキュメントをアップデートするのか，RPAの処理コメントだけでいいのかという問題だ。もしRPAを簡易ツールと位置づけ，継続的改善に主眼を置くのであれば，ドキュメントの修正が「足かせ」とならないように，アップデートするドキュメントの対象を絞ったほうが合理的といえよう。

2．運用体制の構築

　運用体制とは，RPA導入後に運用保守を実行するための体制を指す。従来のシステム開発では，**図表6－4**のようにシステムの導入フェーズと運用保守フェーズが時間軸で明確に分かれていた。したがって導入フェーズでは導入体制，運用保守フェーズでは運用体制というように，別々の体制を組むことが容易であった。

　しかしRPAの場合は，1つの開発期間が1〜2カ月程度と非常に短く，次々に新しい改善が実行されるため，**図表6－5**のように導入フェーズと運用保守フェーズが入り乱れて発生することになる。つまりプロジェクト全体として時

170

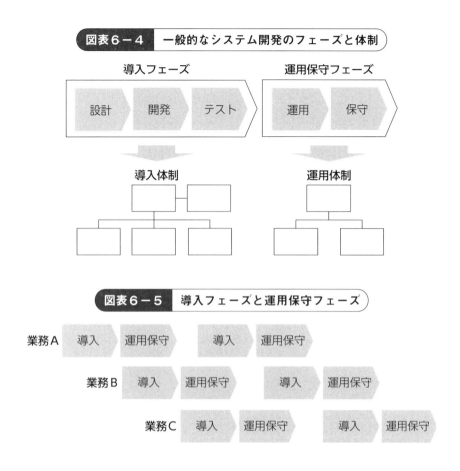

間軸によるフェーズの切れ目がない。この違いを前提に運用体制を考えていかなければならない。

(1) 集中型か分散型か

第3章のプロジェクト推進体制のところで「専門チームを作るか，現場主導で進めるか」の論点を説明したが，運用保守フェーズにも同じような体制上の論点がある。

つまり**図表6-6**の左側のように，RPAを会社全体として管理する専門組織を置くのか，あるいは図表右側のように各部門にRPA担当を置き，現場主

導で管理するのかという論点だ。これは，それぞれのメリットとデメリットを
勘案して決めなければならない。

図表6－6　運用体制の選択肢

　集中型と分散型のメリット，デメリットは，第3章の「専門チームか現場主
導か」の論点と類似するところもあるが，要約すると**図表6－7**のようになる。

図表6－7　集中型・分散型のメリットとデメリット

	メリット	デメリット
集中型	●全社としての推進力を維持できる ●高いスキルを全社で共有できる ●全社のガバナンスがきく	●追加の人的リソースが必要 ●現場が受け身になりがち
分散型	●フットワーク軽く進められる ●追加費用がかからない	●ITスキルが弱いと管理できない ●本業優先でRPAが後回しにされがち ●全社のガバナンスがきかない

　このメリット，デメリットを総合的に勘案すると，重要な論点となるのが，
①ガバナンスの問題をどう考えるか，②現場主導でRPAを維持，推進できる
かの2つである。

① 　ガバナンスの問題をどう考えるか

　ITガバナンスの領域は非常に幅広いが，ここでいうガバナンスの問題とは，
ロボットがどこでどのように稼働しているかを会社として管理するかという点

である。たとえばユーザーがExcelで新しい表を作成する場合，どこかに報告する義務はあるだろうか。おそらくないはずだ。つまりExcelがどのように利用されているかは会社として管理していないことを意味する。ではRPAの場合も管理しなくてかまわないだろうか。

　RPAの場合は事情が少し異なる。まずRPAには結構なライセンス料がかかるため，あまり使われていないロボットは無駄なコストとなる。Excelにもライセンス料はかかるが，Office製品をまったく使わない人はまずいないため，無駄になる可能性は低い。またライセンス料もRPAよりはかなり低いため，大きな問題にはならない。しかしRPAの場合は利用範囲が限定的であり，途中で使わなくなる可能性も十分あるため，会社としてはRPAの利用状況が気になるはずだ。

　またRPAは業務システムと連動して動くことが多いため，業務システムにアップデートやメンテナンスのためのシステム停止などが発生すると，RPAに大きな影響を与える可能性がある。その際，どのシステムにRPAが連動しているかを会社として把握していないと，事前の調整ができず，連絡することさえもできない。ユーザーにとってはRPAが突然止まるような事態に陥る。もしRPAの稼働状況を把握していたならば，事前に影響をテストするなど対応もとれたはずだ。これがExcelのようなスタンドアローンのアプリケーションとは異なる点だ。

　このような理由から，RPAは一般的に「稼働管理」が必要とされている。稼働管理を行う観点からは，集中型で会社として管理する体制のほうが適している。ただし，会社規模が小さかったり，RPAの導入範囲が小さかったりする場合は，専門の組織を設置するほどでもないため，分散型の体制をとり，RPAの管理は部門のRPA担当に任せるという判断もありうる。

②　現場主導でRPAを維持，推進できるか

　もう１つ考えなければいけないことは，分散型の現場主導で本当にRPAを維持，推進できるかという点だ。

　分散型の体制を組むということは，現場のRPA担当はおそらく本業を別に持っており，RPA担当を「兼任」しているはずだ。つまりRPAに割ける時間

は限られている。そのような体制下で，RPA担当はスキル的かつ時間的に
RPAを運用し，継続的改善を推進することが可能かという問題である。時間
とともに活動が自然消滅してしまうリスクがあるのではないだろうか。

　集中型であれば，RPA推進室のような専門組織が「専任」としてRPAを推
進するため，時間とともに活動が立ち消えになることはまずない。もちろん分
散型の場合でも，RPA担当が非常に積極的であったり，非常に優れたスキル
を持っていたりすれば問題ないかもしれない。しかしそうでない限り，分散型
の体制はRPAの推進に懸念が残ることに留意すべきである。

（2）導入体制と運用体制を分けるべきか

　ここでは導入フェーズと運用保守フェーズで体制を分けるべきか，同じ体制
にすべきか，という論点について整理する。

　導入体制と運用体制の組み合わせは，**図表6-8**のように理論上4つある。

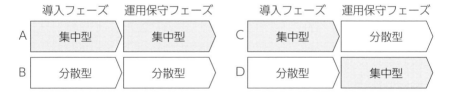

図表6-8　導入体制と運用体制

　RPAの場合は，導入フェーズと運用保守フェーズが同時期に入り乱れるこ
とを勘案すると，図表のAとBの組み合わせのように，同じ体制で導入も運用
保守も進めるのが自然と考えられる。つまり導入体制と運用体制は分けずに兼
務するかたちである。一方，中長期的にはCやDの組み合わせも検討する価値
はある。それぞれの意味合いは次のとおりだ。

①　集中型から分散型へ（パターンC）

　これは，初期段階ではプロジェクトを強力に推進することを目的に集中型の
体制をとるが，ある程度RPA導入が落ち着いてきた段階で全社体制は解き，

現場主導の分散型へ移行するという考え方である。

　RPAの専門組織を維持するには人件費がかかるため，RPA導入が一巡してユーザーのスキルが向上してきた段階で専門組織の役割は終わりとし，分散型へ切り替えるという方法だ。

②　分散型から集中型へ（パターンD）

　これは，RPA導入は分散型で現場主導の体制をとるが，中長期的にはガバナンスの観点で専門組織が運用保守を行うという考え方である。ガバナンスのところで説明したとおり，全社としてRPAの稼働管理を行うためだ。社内に情報システム部門がある場合では合理的な体制と思われる。

3．運用保守フェーズの活動内容

　システムの運用保守とは，一般的に障害対応，ネットワーク監視，バックアップ業務，セキュリティ対応などのメンテナンスが中心だが，これはRPAの導入以前から行っている作業であり，今後も変わらないはずだ。一方，RPAに関しては，ロボットが安定的に稼働するための監視やメンテナンスだけではなく，RPAを活用した継続的改善を推進し，RPAの効果を最大化させ

図表6－9　運用保守フェーズにおけるRPAの活動

運用保守の活動	実施者	
	集中型	分散型
1．ロボットの稼働管理	RPA推進室 などの専門組織	各部門 のRPA担当
2．ライセンス管理		
3．ユーザーへの技術支援		
4．継続的改善の推進		
5．RPA人材の育成		
6．効果検証，モニタリング		

るための活動も含まれる。

　このような運用保守フェーズのRPA推進活動は，集中型であればRPA推進室のような専門組織が担い，分散型であれば各部門のRPA担当が担うことになる。なお本章では活動の実施者を総称して「RPA担当」と呼ぶこととする。

　RPAに関する運用保守フェーズの主な活動は**図表6－9**のとおりである。

（1）ロボットの稼働管理

　ロボットの稼働管理とは，ロボットがどこでどのように稼働しているかを把握，管理することを指す。ここでは稼働管理の目的と運用ルールについて説明する。

①　稼働管理の目的

　稼働管理については先にガバナンスの観点で少し触れたが，稼働管理の目的を改めて整理すると，RPAライセンス料の最適化，RPA停止リスクの回避，野良ロボの発生抑止の3つである。

ａ．RPAライセンス料の最適化

　RPAには一般的に年間ライセンス料が発生するが，この費用対効果を高めるためにはRPAをフル稼働に近づけることが重要となる。したがって稼働状況を常にモニタリングし，ライセンス料が会社全体として最適化されるように管理する必要がある。

　もし稼働率が低い場合には追加的な利用を指導したり，複数のロボットを統

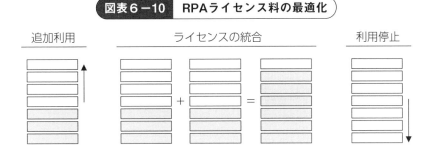

図表6－10　RPAライセンス料の最適化

追加利用　　　　　　　ライセンスの統合　　　　　　利用停止

合して１ライセンスの稼働率をアップさせたりするなどの対応を行う。また費用対効果の見合わない稼働状況が続く場合には，当該ライセンスの利用停止も視野に入れなければならない。

ｂ．RPA停止リスクの回避

業務システムにプログラム更新やメンテナンスのシステム停止が発生すると，業務システムに連動しているRPAが停止する可能性がある。どの業務システムに，どのようなロボットが稼働しているかを把握することにより，利用者へ事前にアナウンスをしたり，スケジュールの調整をしたりするなど，不測の停止リスクを回避することができる。

ｃ．野良ロボの発生抑止

「野良ロボ」とは，担当者の人事異動や退職などの事情により，管理者が不在になったロボットのことを指す。ロボットを開発した担当者が異動したり退職することはよくあるが，この際にロボットに関する情報を引き継いでいないと，誰も知らないロボットが取り残されるケースがある。

また担当者がいる場合にも，何らかの理由でロボットが使われなくなり，そのまま放置されることもある。たとえば，業務の変更によってロボットが使えなくなったり，期待どおりにロボットが活躍しなかったりした場合に，担当者がロボットの利用をやめることがある。そこで適切に停止処理を行えばよいが，あまりシステムに詳しくないユーザーの場合は，そのまま放置してしまうこともある。結果的に管理者不在の状態となる。

では野良ロボが発生すると何が問題なのだろうか。まず適切に停止処理がされていないと，ロボットが不要な動作を継続する可能性がある。その場合，システムに無駄な負荷をかけるばかりでなく，不慮の誤作動によってトラブルを引き起こす可能性もある。また不要な稼働によってライセンス料を無駄に増加させる要因にもなる。

野良ロボを発生させないためには，稼働状況を定期的にチェックし，利用されていないロボットは適切に停止処理，廃棄処理を行う必要がある。また年に１回程度，ロボットの棚卸しを行い，管理者不在のロボットがいないことも確

認すべきである。

② **稼働管理に必要な運用ルール**

　RPAの稼働管理を行うためには，運用ルールとして新規ロボットの登録と既存ロボットの情報更新を行う必要がある。

　a．新規ロボットの登録

　まず新しいロボットを作成した場合には登録を義務づける。登録内容は**図表6-11**のように，登録日，管理者，部署，対象システム，自動化内容，ライセンスID，状態，添付資料などである。

図表6-11　RPA稼働一覧表

登録日	管理者	部署	対象システム	自動化内容	ライセンスID	状態	添付資料
22/7/8	高橋浩二	経理部	経理システム	Excelデータによる仕訳自動転記	AA-4511299	稼働中	Keiri01.xlsx

　b．既存ロボットの情報更新

　RPAは継続的改善を前提としているため，ロボットの登録情報は常に更新しなければならない。これも運用ルールとして，ロボットの修正など情報に更新があった場合は報告を義務づける。

（2）ライセンス管理

　ライセンス管理とは，購入したソフトウェアが使用許諾契約書どおりに使われているかを管理することを指す。ライセンスの管理は，一般的に「ライセンス管理台帳」を作成し，ソフトウェア名，購入日，ライセンス形態，金額などを一覧表形式で管理する。ただしライセンス管理はRPAだけに必要なものではないため，すでにソフトウェアの台帳管理を行っている場合は，既存の運用

ルールに合わせればよい。

　またライセンスの使用状況を把握し，有効活用することも重要な管理の1つである。稼働管理のところでも触れたとおり，ライセンスの稼働状況に応じて費用対効果を高める活動を実施すると同時に，余剰ライセンスの利活用，新規ライセンスの契約，既存ライセンスの解約，ライセンス形態の変更など，ライセンス全体をマクロ的な観点で最適化することが求められる。

（3）ユーザーへの技術支援

　これはロボットのトラブル対応やロボットを修正する場合のユーザーへのサポートを指す。RPAに原因不明のエラーが出たり，ロボットが動かなかったりする場合，必ずしもRPAの問題だけで起こるわけではない。パソコン，ネットワーク，ほかのソフトウェアの問題に起因することもあるため，障害の切り分けやログの解析など技術的なサポートが必要となる。

　またユーザーがロボットを改善しようとした場合に，技術的なアドバイスが必要なこともある。RPA担当は「よろず相談」のようなかたちでユーザーに寄り添い，RPAの普及を後押しすることが期待される。

（4）継続的改善

　運用保守フェーズで最も重要な作業が継続的改善である。継続的改善は自動的に進むものではなく，ユーザーに適切な「動機づけ」をしなければならない。そのためには，さまざまな施策をプログラムとして実施することが効果的だ。

　主な施策としては，①継続的改善の活動報告，②改善キャンペーンの実施，③事例紹介による啓蒙，④成功事例への表彰，⑤人事評価との連動，⑥部門リーダーの協力，⑦改善計画のサポートなどがある。

① 継続的改善の活動報告

　人は動機づけされないと動かないため，定期的に活動報告をさせるというのが1つの方法だ。このような「改善活動の報告」という方法は，製造業の現場改善でも一般的によく用いられている。

　たとえば，運用開始から半年後に1回目の報告を行い，その後は年に1回ず

つ報告するようなルールを作る。あるいは全社で特定の日を定め，一斉に報告するようなルールでもかまわない。いずれにしても，活動報告という場を利用して継続的改善に一定の強制力を持たせる。

②　改善キャンペーンの実施

これは企業あるいは部門全体で「キャンペーン期間」を設け，組織として継続的改善を後押しする方法だ。業務担当者も1人で改善するには力不足かもしれないし，助けてくれる人が近くにいないと心細い人もいるだろう。そこで組織としてサポートチームを立ち上げ，キャンペーン期間中は手厚いサポート体制を作る。組織リーダーも当然のことながらキャンペーンを全面的にバックアップし，全員で改善活動を盛り上げるような機運を醸成する。

③　事例紹介による啓蒙

これは第5章の「早い成功体験」でも触れたが，運用保守フェーズでは社内にいくつかロボットが稼働しはじめているため，社内の事例紹介を定期的に実施することがモチベーションアップにつながる。

導入初期には懐疑的であった人も，いくつもの成功事例が出てくると態度が変わってくる。そして実際に効果が出ていることがわかれば「自分もロボットを作りたい」と，その気になってくれる人も出てくるはずだ。またRPAの活用イメージがわかない人にも事例紹介はさまざまなヒントを与える機会となる。

④　成功事例への表彰

頑張って業務効率化に取り組んだのならば，努力した人に対して何らかのメリットがあってしかるべきだ。その1つが「成功事例への表彰」だ。

従前から社員のモチベーションアップのために「社内表彰制度」を設けている企業は多い。実際に政府の調査では，半数以上の企業が表彰制度を導入しているというデータもある。同じようにRPAでも金一封や商品券など報奨を考えてみるべきではないだろうか。

また成功事例だけでなく，あえて失敗を表彰してもよい。ある製造会社では「大失敗賞」と題して賞与と表彰状を渡しているそうだ。これは失敗したから

こそ，そこから多くを学ぶことができただろうという労いの気持ちと，失敗を恐れずにチャレンジしてほしいというメッセージが込められている。

⑤　人事評価との連動

　継続的改善を妨げる要因の1つに，改善活動が人事評価に反映されないという問題がよく指摘される。たとえば営業担当が業務改善に尽力したにもかかわらず，人事評価は営業成績のみで行われてしまうようなケースだ。これでは「やり損」となってしまうため，人事評価へ適切に反映させる仕組みを整えなければならない。

　人事評価と連動させる際のポイントは，活動開始時に人事評価の目標に組み入れることである。つまり「事前の合意」が重要ということだ。合意した上で改善活動を行えば，あとは本人の貢献次第ということになる。少なくとも評価にまったく反映されないという事態は避けられるはずだ。

⑥　部門リーダーの協力

　部門のリーダーが継続的改善に協力的でなければ，当然のことながら部下たちは動きづらい。一方，部門リーダーも継続的改善のために何をすればよいのかわかっていないことも多い。そこでRPA担当は，部門リーダーの協力をとりつけるために積極的な活動が必要となる。具体的な活動としては，次のようなものがあげられる。

- ●部門リーダーと話をし，取組みの重要性や業務効率化のメリットをよく理解してもらう
- ●協力とは具体的に何をすればよいか，部門リーダーに行ってほしいアクションを伝える
- ●部門ごとの業務効率化状況を可視化し，良い意味での競争心に訴えかける
- ●部門リーダーの協力度合いをトップと共有し，必要に応じてトップから指示をしてもらう

---

⑦　改善計画のサポート

　継続的改善も計画的に行わなければ簡単には進まない。本来であれば1年程度の改善計画を作成して進めるのが効果的だが，これをユーザーの自発性に期待することは難しいであろう。そこでRPA担当は，改善計画をユーザーと一緒に作成するようなサポートをする。

　ユーザーは改善計画といってもピンとこないだろうから，計画書のテンプレートや記入例を用意する。そしてユーザーに記入してもらうのではなく，一緒に作成する。ここまで寄り添わなければ改善計画などまず作らない。また改善計画の作成だけでなく，実行状況のフォローも忘れずに行う。

（5）RPA人材の育成

　ここ数年，日本ではシステムの内製化の動きが顕著になってきている。この要因は，ほとんどの事業や業務にITやデジタル技術が密接に関わる中，外部ベンダーに依存していては時間もコストもかかる上，社内にノウハウを蓄積できないからだ。そしてDXの潮流が内製化に拍車をかけている。このような内製化の動きは日本だけの話ではなく，世界中に共通する動きである。

　図表6－12はIT企業に所属するIT人材の割合を示している。IT企業とは主

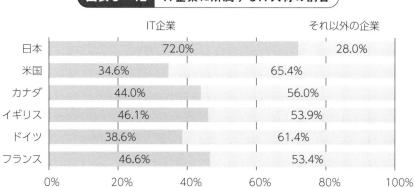

図表6－12　IT企業に所属するIT人材の割合

	IT企業	それ以外の企業
日本	72.0%	28.0%
米国	34.6%	65.4%
カナダ	44.0%	56.0%
イギリス	46.1%	53.9%
ドイツ	38.6%	61.4%
フランス	46.6%	53.4%

※IT企業とそれ以外の企業に所属する情報処理・通信に携わる人材の割合（日本，米国，イギリス，ドイツ，フランス：2015年，カナダ：2014年）
出典：IPA「IT人材白書2017」

にシステムベンダーを指すため，日本ではシステム開発の約7割を外部のシステムベンダーに委託しているものと考えられる。

　この図表からわかることは，日本では外部委託と内製の割合が7：3であるのに対して，海外では4：6あるいは3：7と逆になっている点だ。つまり日本の企業は海外と比較して内製率が低く，システム開発をベンダーに委託（丸投げ）する傾向が強いことがわかる。

　このことは社内にデジタル人材が不足していることも意味している。実際に総務省の調査では，DXを進める際の課題として半数以上の企業がデジタル人材の不足をあげており，海外とは異なる傾向を示している。

　RPAの開発を内製化すべきかどうかは議論のあるところだが，内製化すると開発コストは抑えられ，導入スピードもアップすることは間違いない。すべての開発を社内で行うべきかどうかは別として，少なくともRPAに理解のある人材をできるだけ育成する必要はある。またRPA人材を育成するということは，広い意味でデジタル人材の育成にもつながる。

　RPA人材の育成は，中長期的かつ継続的なプログラムが重要となる。具体的な施策としては，①社内ユーザー会の設置，②トレーニングの実施，③コミュニティサイトの開設，④RPAプレイブックの作成などがある。

①　社内ユーザー会の設置

　社内ユーザー会とは，社内のRPAユーザーが会員となり，勉強会や交流会などを通じて，RPAの活用方法やTips（ちょっとしたコツ）などの意見交換を行うものである。ユーザー会に参加するユーザーのメリットには次のようなものがある。

- 同じような悩みを持っている人との交流機会。困った時の人的ネットワーク。
- RPAに関する疑問や課題の解消。
- 活用方法や継続的改善などの情報共有による新たな発見。
- 会員同士の交流や勉強会などによるユーザーのスキルアップ。

　ユーザー会は，ユーザー本人へのメリットだけではなく，会社としてもメ

リットがある。まずRPAの「伝道師」として，継続的改善を社内に広めるための中心的な役割が期待できる。またロボットの稼働管理や棚卸しを行う際の人的ネットワークとして機能し，RPAの運用ルールの変更や新しいガイドラインなどを通達する際の情報伝達網としても役立つ。

②　トレーニングの実施

　RPA人材の育成には一定のトレーニングが欠かせない。また継続的改善を促すためには，年間を通じたトレーニングプログラムを充実させる必要がある。トレーニングは必ずしも社内ですべてまかなう必要はなく，RPA製品によっては有償，無償のさまざまなトレーニングが用意されているため，なるべく手間のかからない方法でプログラムを組み立てたほうが賢い。

a．トレーニングの種類

　RPAのトレーニングには，**図表6−13**のような種類がある。トレーニングはRPA製品ごとに用意されるため，シェアの高いRPA製品ほどトレーニングも豊富に提供されている。

図表6−13　トレーニングの種類

提供者	種類	特徴
RPAメーカー	Eラーニング	数多くの無償プログラムが充実
システムベンダー／コンサルティング会社	無料セミナー	1〜2時間のRPA紹介
	ハンズオントレーニング	ロボットを組み立てながら学習する2日間程度の有償トレーニング
	カスタマイズトレーニング	自社向けにカスタマイズした有償トレーニング
自社	社内トレーニング	自社の従業員向けのトレーニング
	社内Eラーニング	自社専用のEラーニング
その他	市販本	実際にロボットを組み立てながら学習する市販の入門書

　最も充実しているトレーニングはRPAメーカーが提供する「Eラーニング」だ。入門者向けから上級エンジニア向けまで，30分程度のEラーニングを数多く提供している。しかも無償提供が多い。

　ただしメーカーのEラーニングには問題もある。たとえば海外製品の場合は英語版を日本語に訳しているため，動画が英語のままであったり，翻訳が意味不明だったりする。またRPAのソフトウェアは頻繁にアップデートされるため，Eラーニング上のRPA画面と実際の画面が一致しておらず，説明どおりに操作できないことも少なくない。Eラーニングでは質問することもできず，フラストレーションがたまりやすいため，1人でもやり抜く「強い意志」が要求される。

　システムベンダーなどが提供する「無料セミナー」は，RPAをわかりやすく説明してくれる1～2時間のセミナーで，RPAの前提知識のない人が最初に受講するにはちょうどよい。ただしトレーニングではないため，RPAの操作には踏み込まない。あくまで概要を理解するだけである。またベンダーが営業用に行っているため，1社から大人数で参加することは難しい。

　一方，「ハンズオントレーニング」は，実際に受講者がRPAツールを使ってロボット開発を行うもので，初心者がRPAを使えるようになるには最適なトレーニングだ。わからないことは講師がていねいに教えてくれ，2日間くらい缶詰になって学習するため，意志の弱い人でも一定のスキルを身につけることができる。半日くらいのミニトレーニングもあるようだが，ひととおりのスキルを習得するには2日間くらいかかると思ったほうがよい。

　「カスタマイズトレーニング」とは，システムベンダーなどに委託して自社用にカスタマイズした有償のトレーニングである。一般向けのトレーニングでは，自社にとって必要のない内容が含まれ，逆に必要な内容が入っていないこともある。それであれば，自社向けにカスタマイズしたトレーニングを実施したほうが効果的な場合もある。当然，カスタマイズの費用は余計にかかってしまうが，内容は良いものになるだろうし，トレーニング対象者が多ければトータルで一般向けより安く収まることもある。

　「社内トレーニング」とは，自社でプログラムを作成し，自社で実施するトレーニングである。社内に講師が務まる人材がいれば実現可能であり，費用も

ほとんどかからない。またトレーニングの作成だけ外部に委託し，実施は自分たちで行うという合わせ技もある。中長期的にはトレーニングも内製化したほうが効率的だ。

「社内Eラーニング」は，トレーニングの対象者が多い場合や，対象者の場所が分散している場合に有効な方法である。RPAメーカーのEラーニングとは異なり，自社にカスタマイズしたプログラムを使うことで，忍耐力のない従業員でも学習できるようになる。また，わからないところを電話やメールで質問できるようにするとさらに効果的だ。

最後は書店で売られている「市販本」である。大手メーカーのRPAに関しては，数多くの入門書が書店に並んでいる。RPAをまったく知らない人でも，入門書のレッスン1から順番にこなしていくと，ひととおりのスキルを身につけることができる。

市販本がほかのトレーニングより優れているところは，自分のペースで実施できる点だ。たとえば朝30分ずつ学習したい人や，時間の空いたときに10分でも20分でも隙間時間を利用したい人には便利だ。また，わからないところでは立ち止まったり，少し戻ってみたりするなど，自分の理解に応じてペースをコントロールできる。

ただし，市販本で学習するには，かなりの自発性と忍耐力が必要だ。1冊すべてを終えるのに，毎日30分ずつ学習したとしても1カ月くらいはかかる。自分のペースで進められる分，自分自身を自制できなければまったく進まない。忍耐力に自信のない人は，ハンズオンセミナーなど強制的に学習できる環境を選んだほうが無難だ。

b．トレーニングプログラムの作成

ここまでさまざまなトレーニングについて説明してきたが，これらのトレーニングを組み合わせて自社のトレーニングメニューを作成する。**図表6－14**はトレーニングメニューの例だが，まず誰に対して，どのようなトレーニングを行うべきかを検討する。その際，対象者のスキルや役割に合わせて複合的なトレーニングを準備することがポイントだ。

図表6－14の例では，対象者を初級者～上級者といったスキルに分けてメ

図表6-14　トレーニングメニュー

初級者	中級者	上級者
101 「RPA入門」 Eラーニング	201 「RPA活用コース」 ハンズオントレーニング	301 「開発者育成研修」 外部トレーニング
102 「当社のRPA導入方針」 社内セミナー	202 「事例紹介セッション」 社内レーニング	302 「業務効率化手法」 社内トレーニング
103 「RPA基礎コース」 ハンズオントレーニング	203 「RPA中級コース」 Eラーニング	303 「RPA上級コース」 ハンズオントレーニング

ニューを例示しているが，ユーザー，部門リーダー，社内専門家といった役割に応じたメニューでもかまわない。またトレーニングは年間を通じて計画的に行う必要があるため，トレーニングメニューは**図表6-15**のように年間スケジュールに落とし込み，プログラム化する。

図表6-15　トレーニングスケジュール

	形態	1Q	2Q	3Q	4Q	補足
101：RPA入門	EL	←————————————————→				2Qまでに 全員完了
102：当社の RPA導入方針	社内	▲ 5/18	▲ 7/12	▲ 11/17		入門完了者 のみ
103：RPA基礎 コース	外部			▲ 10/3-4	▲ 1/21-22	4Qまでに 全員完了
：						

③　コミュニティサイトの開設

　コミュニティサイトとは，ユーザー間で情報共有する社内のWebサイトを指す。社内ユーザー会のWeb版でもあるが，ユーザー会は人的交流を主な目的としているのに対して，コミュニティサイトはナレッジを蓄積，共有する場

として実務的に活用するものである。

　コミュニティサイトは，RPAに関連するすべての情報にアクセスできるようにしておく。具体的には次のような項目が候補となる。

- 情報交換をする掲示板
- トレーニングプログラム情報
- 各種イベント（ユーザー会，事例紹介，勉強会）などのスケジュール
- 成功事例などの資料，マテリアルの共有
- 各種テンプレート（業務フロー，設計書，手順書など）
- 実際のドキュメント（業務フロー，設計書，手順書など）の共有
- ロボットのモジュール，部品の共有
- 連絡先一覧（誰に聞けばいいか），FAQ

　RPAのスキルアップは，実際にロボットを開発したり，修正や改善を繰り返したりする中で実現していく。トレーニングやテキストで理論を学習することも大切だが，実際のドキュメントやロボットのモジュールを見て学ぶことも大きい。RPA人材育成の観点では，コミュニティサイトは貴重な学びの場となるはずだ。

④　RPAプレイブックの作成

　最終的には自社の「RPAプレイブック」といった冊子を作成できるとRPA人材育成も一気に加速する。はじめてRPAを学ぼうとする人に対して，「このプレイブックを見れば全部わかるので読んでおいてください」と言ってポンと渡せるようなイメージだ。

　プレイブックという言葉は日本であまり馴染みがないかもしれないが，欧米では会社の仕事のやり方を1冊のブックにまとめて社員に配ることは一般的である。たとえばDXを推進するとなると，まず「DXプレイブック」なる冊子を作成することが多い。

　もともとプレイブックは，アメリカンフットボールの「戦略集」を語源とする。ゲームにおいて，どのようなフォーメンションを取るべきか，どのような

状況でどのような動きをするべきかという作戦を全員が理解するために作成する。情報やノウハウの蓄積であり，データや経験をもとにセオリーをまとめているものだ。

　アメリカンフットボールは，1つの作戦に対して全員が決められた動きをしなければ効果がないため，コーチが作戦を口頭で伝えるだけではなく，事前に言語化されたゲームプランを配り，選手たちに理解させることが有効だという。ビジネスも同じような側面があり，「RPAって何だ？」という社員に対してコツコツ説明会やトレーニングを繰り返すことも重要だが，1冊のプレイブックを用意することも効果的である。

　ただしノウハウの蓄積がなければプレイブックにならないため，外部の専門家に支援してもらうか，ある程度の経験を経てから作成するほうがよい。

（6）効果検証とモニタリング

　運用保守フェーズで重要なタスクの1つが「効果検証」である。プロジェクトのスタート時には明確な目標を掲げていたにもかかわらず，その達成については触れられないまま終わることも少なくない。運用保守フェーズで継続的改善を進めるためには，業務改善の効果検証を行い，積極的に情報発信していくことが重要である。

　効果検証を行う目的は，①目標達成への動機づけ，②効果算定方法の精度向上，③次の改善へのフィードバックの3つがある。

①　目標達成への動機づけ

　プロジェクト開始時には業務改善の目標を設定していたはずである。たとえば「年間1,500時間分の業務をロボットに代替する」といった目標だ。目標を掲げたからには，達成状況を確認し，目標到達に向けて前進しなければならない。つまり目標に対して達成状況を定期的に把握することは，目標達成に向けた「動機づけ」になるのだ。これが効果検証を行う第一の目的だ。なおプロジェクトの「目的」と「目標」という言葉はあいまいに使われることが多いため，ここでは便宜的に同義語として扱う。

　目標を持って仕事にあたることは重要である。たとえばダイエットを決意し

た場合,「少し痩せよう」というよりは,「今年中に5kg痩せよう」という目標を掲げたほうが達成確率は高まる。「今年中」という期限があり,「5kg」という数値目標があれば,毎月どれくらいのペースでダイエットすべきか具体的な活動がイメージできるからだ。

また目標を掲げたからには定期的に達成状況をチェックしなければ実現は難しい。体重計に乗ってみて思ったほど体重が落ちていなければ,ダイエットの方法を変えなければならない。いわゆるPDCAサイクルを回して,達成状況に応じて試行錯誤を繰り返し,はじめて目標達成が見えてくる。

プロジェクトも同様で,目標に対する進捗管理をしなければ達成確率は低くなる。PDCAサイクルを回して,試行錯誤を繰り返すという当たり前のマネジメントが必要になる。

プロジェクト目標の進捗管理を行うためには,プロジェクト開始時にKPIを設定すると効果的だ。これを一般的に「プロジェクトKPI」と呼ぶ。たとえば,年間1,500時間分の業務をロボットに代替するという目標であれば,単純に「年間ロボット代替時間」をKPIとすればよい。また年間1,500時間が最終目標であれば,手前にいくつかマイルストーンを置いたほうがよいだろう。

一方,プロジェクトの目標によっては,工夫しなければKPIが思いつかない場合もある。たとえば「単純作業から社員を解放し,付加価値の高い業務でモチベーションUP」といったような定性的な目標の場合だ。単純に社員のモチベーションアップを目標と捉え,KPIを「社員の満足度」とすることもできるが,**図表6－16**のようにいくつか選択肢が考えられる。

図表6－16　プロジェクトKPI

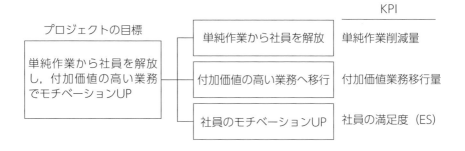

プロジェクトの目標を分解すると図表6−16のように，3つの小さな目標から構成されていることがわかる。したがって，それぞれ3つのKPIが考えられるため，さてどうするかという話になる。

まずRPAで実現できるのは単純作業を削減することだけのため，プロジェクトKPIを「単純作業削減量」と設定することは合理的であろう。しかし，単純作業を削減したからといって，必ずしも付加価値の高い業務へ移行するかはわからず，仮に移行したとしても社員のモチベーションがアップするかはわからない。

単純作業を削減すれば，最終的に社員のモチベーションが向上するというロジックは，「仮説」にすぎないため，どうやら仮説検証が必要と思われる。そうであれば3つともKPIとしてモニタリングすべきという理屈も成り立つ。しかしKPIの数が増えると，目標がぼんやりしてくるだろうし，計測の手間も増える。このようなメリットとデメリットを勘案してKPIを検討すべきである。

なおKPIがうまく設定できない原因が目標自体にある場合もあるため，気をつけなければいけない。つまり目標があいまいであったり，仮説としてイマイチであったりすると，KPIがうまく設定できない。その場合は，目標をもっと明確化するなど，目標自体を再検討すべきだ。

ところでプロジェクトKPIは必ず必要なわけではない。これはアプローチによって異なり，「できるところからやってみる」というスモールスタートの場合に，プロジェクトKPIを設定することはそぐわない。できるだけスタート時のハードルは低くし，本格的に取り組む段階になって，改めてKPIを検討したほうがよい。

② 効果算定方法の精度向上

改善案の策定で効果算定を行った場合は，その検証を行うことによって算定方法の精度を向上させることができる。RPAの導入初期は効果算定が難しく，やってみないとわからないことも多い。実際に導入してみると，思ったほど効果が出なかったり，その逆であったりする。したがって効果検証を繰り返すことにより，その後の効果算定も精度があがってくる。

たとえば，ロボットを導入しても人の管理作業は残るが，その管理作業にか

かる時間など最初はわからないはずだ。当初算定した数字はあくまで推定でしかないため，効果検証によるデータを蓄積し，今後の効果算定に反映すべきである。

　また想定外の効果に気づくケースもある。自動化による作業削減のつもりが，ヒューマンエラーがなくなることによるトラブル対応の作業削減に寄与するなど，やってみてはじめてわかる効果もある。いずれにしても，効果検証にもとづいて算定方法の精度向上を図るべきである。

③　次の改善へのフィードバック

　効果検証は，次の改善施策に有用なインプットとなる。実際にやってみて高い効果が実証されれば，同じような改善に拍車がかかるだろうし，思ったほど効果が出なかった場合は，類似する改善を中止にするなどの対応がとれる。また失敗から学ぶことも忘れてはならない。なぜ失敗したのか，どうすれば失敗しないかなど，有益なフィードバックに効果検証を活用すべきである。

　改善案の効果検証は勉強会や事例紹介にも必要なアイテムだ。一般的な説明だけでは懐疑的な人でも，具体的な効果を確認できれば前向きになる人は多いはずだ。

■ 第7章

RPA活用例集

　RPAの活用方法はここまでいくつも紹介してきたが，世の中にはまだまだ多くの活用方法が存在する。中には金融機関や官公庁といった特定の業界に特化した活用例も数多くあるが，本章ではできるだけ多くの企業に参考としてもらうため，特定業界に偏らない普遍性のある活用例を中心に紹介する。

　また活用例は，ある業務への導入ケースを説明しているが，少し想像を膨らませると幅広い業務に応用できることに気づくはずだ。つまり活用例をそのまま取り入れるのではなく，あくまでヒントを得る材料と捉え，自社への適用を考えていただきたい。

　なお，ここで紹介する活用例はすべて実際の事例をベースにまとめている。あまり詳細に入り込むと本書に収まらないため，RPAが必要とされる背景，RPA導入の姿，RPA導入の効果の3点にフォーカスし，以下の業務分野に分けて紹介する。

業務分野	主な対象業務
1．営業業務	入札情報収集，営業日報活用，営業リスト作成，反社チェック
2．販売業務	ECサイトの出品，在庫更新，価格の自動更新，納期回答
3．マーケティング業務	セミナー参加者情報の登録，資料請求の顧客リスト作成
4．経理業務	予算超過のアラートメール，月次連結決算，物件原価の集計
5．人事総務業務	給与明細書配布，社員情報一括更新，通勤手当申請書の確認
6．品質管理業務	原材料の安全性確認，商品パッケージ表記の確認
7．情報システム業務	ウイルス検知情報の連絡，情報システムの一括セットアップ

1. 営業業務

（1）入札情報の収集業務

　官公庁や自治体をはじめとする公的機関は毎日不定期に入札公告を公開，更新している。その発注機関は全国に7,000以上あり，年間数百万件もの入札案件が公示されており，これらのサイトをチェックするにはかなりの作業負荷がかかる。

　全国の入札情報を検索できるサービスもあるが，利用には費用がかかり，検索方法も限定されている。RPAを活用することにより，自社に合った情報収集を手軽に実現できる。

【RPA導入の姿】

　ロボットは決められた入札情報サイトにアクセスし，自社に関係する案件情報をダウンロードする。案件内容や参加資格をチェックし，案件を取捨選択した上で案件管理表を更新する。最後に案件管理表を担当者へメールする。

図表7−1　入札情報の収集

複数の入札情報サイト　　案件管理表　　　　メール　　　　　　担当者

案件情報のダウンロード　情報の整理／　　　担当者へメール
　　　　　　　　　　　　案件の取捨選択

【RPA導入の効果】

- 入札情報収集作業の削減，案件の見落とし防止
- より多くの案件情報へのアクセス，ピンポイントの案件情報抽出

（2）営業日報の活用

　営業日報には顧客からの貴重な情報が含まれているものの，すべての日報に目を通すには時間がかかり，十分に活用できていない企業も多い。

　たとえば顧客からのクレームや不満に対しては迅速な対応が必要となるが，このような特定のコメントを見落としなく拾い上げるために，RPAを活用することができる。

【RPA導入の姿】

　ロボットは定期的に日報管理システムにアクセスし，いくつかのキーワードにより，商品に対するクレームや改善要望など特定のコメントを抽出する。Excel表にコメントを整理し，お客様相談室へメールする。

　また営業責任者にとって重要なコメントを抽出することもできる。たとえば，新規案件，高額の見積り，特定商品の商談，緊急提案といったキーワードによってビジネスチャンスのコメントを抽出したり，キャンセル，契約解除，損害賠償といったトラブルのコメントを抽出したりするなど，営業責任者の興味のある情報を収集，送信することもできる。

図表7－2　営業日報のコメント抽出

営業担当の端末　　日報管理システム　　メール　　　　担当者

お客様相談室

営業責任者

日報の登録　　特定コメントの抽出　　担当者へメール

【RPA導入の効果】

● 営業日報の有効活用，商品の改良，新商品の開発，顧客満足度のアップ
● ビジネスチャンスやビジネスリスクの見落としや対応遅れの防止

（3）顧客データの同期

　複数の事業をかかえる企業では，事業部門ごとに異なるシステムを導入しているケースが少なくない。特に営業関係の部署は事業によって複数の部門に分かれることが多いため，結果的に販売管理や営業支援システムがバラバラに導入されることがある。

　そこで問題となるのが顧客データの管理だ。顧客データが部署によって別々のシステムで管理されていると，顧客情報に変更があった際に複数の顧客マスタを更新しなければならず，うまく同期がとれていないと誤ったデータによってトラブルになることもある。

【RPA導入の姿】

　最初の顧客マスタ更新は人が行う。ロボットは更新された顧客データをダウンロードし，専用のCSVフォーマットへ変換した上で，他のシステムへアップロードする。同様にすべてのシステムに対して顧客データを更新する。なお他のシステムにアップロード機能がない場合は，ロボットが通常のマスタ変更画面からデータ更新を行う。

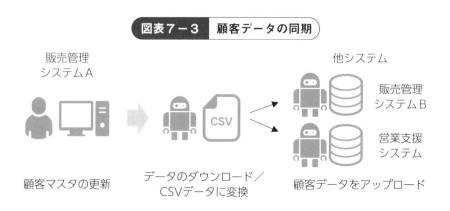

図表7-3　顧客データの同期

販売管理
システムA

他システム

CSV

販売管理
システムB

営業支援
システム

顧客マスタの更新　　　　データのダウンロード／　　　顧客データをアップロード
　　　　　　　　　　　　　CSVデータに変換

【RPA導入の効果】

- 顧客データ更新作業の削減，入力ミスや更新モレの防止
- 顧客トラブルの未然防止

（4）スマホメールによる在庫確認

　営業担当者が訪問先で在庫確認をしたいことはよくあるが，パソコンを立ち上げて社内システムにアクセスするというのは商談現場において時間がかかりすぎる。そこで社内の営業スタッフに電話して在庫確認をとることになるが，これもアナログ的で決してスマートとは言えない。

　スマホで社内システムの情報を参照できればよいが，システム構築には相当の費用がかかってしまう。このような場合，スマホのメール機能を利用して簡単に在庫確認をすることができる。

【RPA導入の姿】

　営業担当者は，メールの件名に「在庫確認」といったような決められた件名を入力し，本文には「商品No.」を入力して専用メールアドレスに送信する。ロボットはメールを受信すると在庫管理システムにアクセスし，在庫数量を取得する。メールに在庫数量を記入して営業担当者へ返信する。

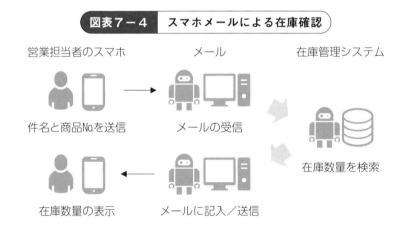

| 図表7－4 | スマホメールによる在庫確認 |

営業担当者のスマホ　　　　　メール　　　　　在庫管理システム

件名と商品No.を送信　　　　メールの受信

在庫数量を検索

在庫数量の表示　　　　メールに記入／送信

【RPA導入の効果】
- 電話による在庫確認の負荷削減
- 在庫確認の迅速化
- 社外から基幹システムへ直接アクセスするセキュリティ問題の解消

（5）Web情報からの営業リスト作成

Web情報から潜在顧客のリストを作成し，電話営業を行うようなアプローチがある。たとえばオフィスのリフォームを手掛けている会社は，テナントの入退去のタイミングにリフォーム需要が発生するため，賃貸情報サイトの空室予定をチェックし，営業リストを作成している。また葬儀関係の会社は，さまざまな媒体を通じて訃報情報を取得している。

営業リストは鮮度が重要で，同業他社も同じ情報を見ているため，顧客へ最初にコンタクトできるかが成否を分ける。リストの作成は，営業担当が自ら手作業で行うことが多く，前日の夜や当日の朝にかなりの時間を費やしている。しかしロボットが夜間にリスト作成を終え，営業担当が朝出社した時にリストができあがっていれば他社より早く動けるはずだ。

【RPA導入の姿】

ロボットは複数の賃貸情報サイトにアクセスし，空室予定情報をダウンロードする。次に条件にマッチする情報を取捨選択し，営業担当者ごとに営業リストを作成する。朝出社前までに担当者へメールする。

図表7－5　営業リストの作成

複数の賃貸情報サイト　　営業リスト　　　　メール　　　　営業担当者

空室予定の　　　　情報の取捨選択／　　営業担当者へ
ダウンロード　　　営業リスト作成　　　メール

【RPA導入の効果】
- リスト作成作業の削減，営業活動時間の増加
- 他社よりも早い潜在顧客へのコンタクト

（6）反社チェックのスクリーニング

　新しい取引先と契約する際には「反社チェック」を行うことが一般的になっている。反社チェックとは，企業が契約や取引を始める前に，相手が暴力団などの反社会的勢力に関係していないかを確認する作業である。

　反社チェックにはさまざまな方法があるが，第一スクリーニングとして，まずWebの情報や新聞記事のデータなど「公知情報」を検索することから始まる。具体的には，取引先の法人名や取締役の氏名を検索し，絞込みのキーワードに「暴力団」，「総会屋」，「逮捕」，「違反」などのネガティブワードを加えて情報収集する。

　スクリーニングは単純な作業ではあるが，確認にはかなりの時間と労力を要する。逆に，しっかりと時間と労力をかけなければ，見過ごされるリスクが伴う。このような単純で労力のかかる作業はRPAで機械的に行うほうがよい。

【RPA導入の姿】

　営業担当者は反社チェックの指定フォーマットに取引先情報を記入して申請する。ロボットは決められたネガティブワードを用い，Webや新聞記事データを検索する。キーワードとのヒット率にもとづいて評価を行い，コンプライアンス室あるいは営業担当者へ結果をメールする。

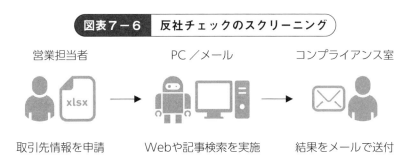

図表7－6　反社チェックのスクリーニング

営業担当者	PC／メール	コンプライアンス室
取引先情報を申請	Webや記事検索を実施	結果をメールで送付

【RPA導入の効果】

- 反社チェック作業の削減
- 反社チェックの品質向上，見落としリスクの軽減

2. 販売業務

（1）ECサイトへの出品作業

　複数のECサイトで販売をしている企業では，ECサイトごとに出品作業を行わなくてはならない。それぞれのサイトで出品方法やアップロードファイルのフォーマットが異なるため，サイトごとに類似作業を何度も繰り返さなければならない。

　このような定型業務は，RPAによって1つの情報を元に複数のECサイトへ出品することができる。

【RPA導入の姿】

　まず人が出品の元データとなるマスタファイル（出品情報一覧）を作成する。ロボットはマスタファイルを各ECサイト用のフォーマットに変換し，管理画面から出品情報をアップロードする。

図表7－7　ECサイトへの出品

マスタファイル	PC	複数のECサイト
マスタファイルの作成	フォーマットの変換	商品のアップロード

【RPA導入の効果】

● フォーマット変換作業，アップロード作業の削減

● 転記ミス，作業モレなどヒューマンエラーの防止

● 出品の迅速化

（2）ECサイトの在庫更新

　ECサイトで販売している場合，在庫の更新作業にはかなりの手間がかかる。商品が入荷されると在庫を更新する必要があり，また複数のサイトで同時販売している場合は，一部のサイトだけが欠品状態となることもあるため，各サイトの在庫数をモニタリングし，在庫のかたよりを調整しなければならない。

　毎日更新したとしても，タイミングによっては欠品により機会損失となってしまう。

【RPA導入の姿】

　ロボットは複数のECサイトにアクセスし，現状の在庫数をダウンロードする。在庫管理表にサイトごとの在庫数を集計する。

　購買システムの入荷情報にもとづいて実際の在庫数へ更新し，一定のルールに従って各ECサイトへ割り振る在庫数を決定する。ECサイトにアクセスし，在庫を更新する。

図表 7 − 8　ECサイトの在庫数更新

複数のECサイト	在庫管理表	購買システム	ECサイト
在庫数のダウンロード	在庫数の集計	入荷情報の更新	在庫の更新

【RPA導入の効果】

● 在庫更新作業の削減，ヒューマンエラーの防止
● 在庫数の更新頻度を上げることによる機会損失の防止（1時間1回など）
● 人が働けない夜間や休日にも対応（24時間365日対応）

（3）小売店POSデータの収集

多くの小売業者はメーカーに対してPOSデータを開示しており，メーカーはPOSデータを利用して売り場づくりの提案や商品の開発などに活かしている。

しかしPOSデータの収集は，各小売業者の専用Webサイトを利用して行われるため，毎日手作業で大量のデータをダウンロードする必要がある。大手メーカーの場合は，数百社もの小売業者からデータを取得しており，その作業負荷が課題となっている。

【RPA導入の姿】

ロボットは小売業者の専用Webサイトにアクセスし，POSデータをダウンロードする。フォーマットに応じてデータ変換をし，自社のデータ分析ツールへアップロードする。次に分析レポートを作成し，各担当者へメールする。

自動化によって処理能力が高まるため，POSデータの収集頻度を高めることや，取得対象の小売業者を増やすことも行う。

図表7－9　小売店POSデータの収集

小売業者の専用サイト	データ分析ツール	メール	担当者
POSデータの ダウンロード	データ変換／ 分析レポート作成	分析レポートの メール	

【RPA導入の効果】
- 自動化によるデータ収集作業，分析レポート作成作業の削減
- データ収集頻度の向上（週次→日次など），データ取得範囲の拡大
- 鮮度の高い分析レポートの実現

（4）受注情報の取得と自社システムへの登録

　受注情報は一般的に顧客から自社へ送られてくるものだが，業界によっては顧客のウェブサイトに自らアクセスし，受注情報を取得するプロセスのところもある。

　この場合，担当者は何十社もある顧客のウェブサイトに毎日アクセスし，受注情報を手作業でダウンロードしなければならない。また顧客ごとにサイトの操作方法は異なり，サイトの数も多いことからミスやモレも起こりやすい。さらにダウンロードした受注情報は，自社の販売システムに手作業で入力する必要がある。

【RPA導入の姿】

　ロボットは顧客の発注サイトにアクセスし，受注情報をダウンロードする。データフォーマットが顧客ごとに異なるため，自社の販売管理システム用のフォーマットに変換し，自社システムへアップロードする。

図表7－10　受注情報の取得と登録

顧客の発注サイト	受注情報一覧	販売管理システム
受注情報の ダウンロード	データの集計／ フォーマットの変換	受注情報を アップロード

【RPA導入の効果】

- ●受注情報の取得作業の削減
- ●販売管理システムへの登録作業の削減
- ●ミスやモレの防止

（5）注文と銀行振込の照合作業

　ネット販売の決済方法の１つに銀行振込があるが，販売業者が注文と振込の照合を手作業で行っているところが多い。顧客の氏名，金額，注文番号などをキーに振込の照合を行うが，顧客は必ずしもすぐ振り込むわけではなく，金額や注文番号を間違えることもあるため，照合作業が煩雑になりやすい。また取引量が多くなると，目検で照合するにも限界が出てくる。

【RPA導入の姿】

　ロボットは定期的にネットバンキングにアクセスし，振込情報をダウンロードする。振込情報の氏名，金額，注文番号などをキーに販売管理システムの注文データを検索し，照合がとれればステータスを入金確認済に更新する。同時に顧客に対しては，入金確認完了のメールを送信する。

　照合がとれなかった場合は，入力ミスなどのトラブルが考えられるため，ロボットは照合できなかった振込データの一覧を担当者へメールし，その後は人が対応する。

図表７−11　注文と振込の照合

【RPA導入の効果】

- 照合作業，メール連絡作業の削減
- 入金確認モレ，ミスなどのヒューマンエラーの削減
- 注文処理の迅速化

（6）貿易用書類の英文翻訳

　貿易用書類は，海外の船会社用に英文に直す必要がある。貿易用語はある程度限定されているため，日本語と英語の対応表にもとづいて，英語に置き換える作業をする。

　しかし書類は種類も多く，海外の船会社ごとにフォーマットも異なることから，非常に煩雑な作業となっている。また時期によって作業量が増減するため，担当者のスケジュール調整も難しく，課題の多い作業である。

【RPA導入の姿】

　日本語の書類は人が作成する。ロボットはExcelの和英対応表にもとづいて和文書類を英文書類に置き換える。作業が終わると，英文書類を海外船会社へメールで送付する。

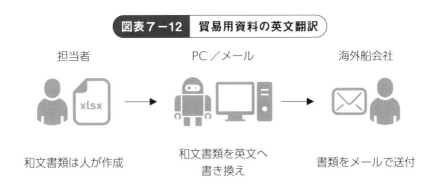

図表7−12　貿易用資料の英文翻訳

担当者	PC／メール	海外船会社
和文書類は人が作成	和文書類を英文へ書き換え	書類をメールで送付

【RPA導入の効果】

- 英文書類作成の負荷軽減
- 翻訳ミスの防止
- 処理の迅速化
- 作業量の増減によるスケジュール調整の課題解消

（7）ネットショッピングにおける価格の自動更新

　ネットショッピングの格安販売店では「最安値」をキープすることが重要となる。ある調査によると，価格順位の1位と2位では，アクセス数に2倍の差があるという。しかし，複数のショッピングサイトにおける競合他社の価格を調査し，価格を更新することは大変な作業となる。

　商品数が多くなると価格の更新が間に合わなくなり，結果的に機会損失を生み出してしまう。またネットショッピングに休日はなく，夜間に購入する消費者も多いため，価格更新を人で対応することにも限界が出てくる。

　市販の価格自動更新システムを使う選択肢もあるが，システム利用料がかかる上，対象のショッピングサイトも限定されているため，RPAによる自動化が有用となってくる。

【RPA導入の姿】

　事前にExcelの価格管理表を用意し，自動更新の下限価格や目標順位を設定しておく。ロボットは定期的に対象のECサイトにアクセスし，価格情報を取得する。価格管理表のルールにもとづいてECサイトの価格を更新する。

図表7−13　最安値価格の自動更新

複数のECサイト	価格管理表	複数のECサイト
価格情報の取得	データの集計／比較	価格の更新

【RPA導入の効果】

- 価格調査，比較，更新作業の削減，ヒューマンエラーの防止
- 価格更新の迅速化
- 機会損失の削減，不要な安値販売の回避

（8）納期回答書の通知

　注文や見積りに対する納期回答書を取引先へ通知する業務では，取引先が多かったり，取扱商品数が多かったりすると，かなりの作業負荷が発生する。また取引先ごとに納期回答書のフォーマットが異なる場合もあり，ミスの起こりやすい煩雑な作業である。

【RPA導入の姿】

　ロボットは，販売管理システムにログインし，新規注文に対する納期情報を取得する。取引先ごとの納期回答書フォーマットへ必要事項を入力し，取引先へメールする。

図表7-14　納期回答書の通知

販売管理システム	納期回答書	メール	取引先
納期見通し情報を取得	指定のフォーマットへ入力	納期回答書をメール	

【RPA導入の効果】

- 納期回答書作成，メール連絡作業の削減
- 回答モレ，記入ミスの防止
- 納期回答の迅速化

（9）出荷状況の問合せ対応

　取引先より出荷状況の問合せがあると，担当者は物流部門に確認し，取引先に折り返しの連絡をする。担当者は取次ぎをしているだけで，付加価値を生まないわりに，手間のかかる作業である。

　また物流部門が忙しいと連絡待ちにされたり，取引先が不在の場合は電話を掛け直したり，担当者からすれば通常業務が何度も中断される煩雑な業務となっている。

【RPA導入の姿】

　注文があるとロボットは問合せ番号を取引先にメールしておく。取引先が問合せ番号をタイトルに入れてメールすると，自動的に出荷状況を返信するルールとしておく。

　ロボットは問合せのメールを受信すると，販売管理システムで出荷状況を確認し，取引先へメールで連絡する。

図表7−15　出荷状況の問合せ対応

販売管理システム	取引先	販売管理システム	取引先
問合せ番号を 取引先にメール	問合せ番号を メールで受領	出荷状況を確認し メールで連絡	

【RPA導入の効果】

- 問合せ対応業務の負荷軽減
- 業務中断による担当者のフラストレーション解消
- 出荷状況連絡の迅速化，取引先の満足度向上

(10) オークションサイトの監視

　中古車や古美術などオークションで仕入を行うビジネスでは，数多くのオークションサイトを毎日大量にチェックする必要があり，非常に手間のかかる業務となっている。

　売れ筋の商品や顧客から依頼されている商品を見落としてしまうこともあり，手作業では機会損失が一定数発生してしまう。またオークションサイトは24時間365日運営されているため，社員の働けない時間帯には対応がとれないという問題もある。

【RPA導入の姿】

　担当者は事前に購入希望リストを作成し，希望条件を設定しておく。ロボットは複数のオークションサイトから希望商品の情報を取得し，商品情報ファイルに記入する。複数の商品情報を比較し，希望条件に最も合う商品を購入する。最後に購入商品の情報をファイルに記入する。

図表7-16　オークションサイトのモニタリング

複数の　　　　　　商品情報ファイル　　オークションサイト　　購入ファイル
オークションサイト

複数のサイトから　　商品情報ファイル　　希望条件に合う　　　購入商品を
情報をダウンロード　に情報を記入　　　　商品を購入　　　　　ファイルに記入

【RPA導入の効果】

● オークションサイト情報収取，商品購入作業の軽減

● 商品の見落とし防止

● より多くの情報にもとづいた好条件での購入

● 24時間365日対応

3. マーケティング

(1) セミナー参加者の顧客情報登録

　セミナー参加者の顧客情報は自社の顧客管理システムなどに登録することが多い。Webで申込みを受付した場合は顧客情報をデータで取得できるが，顧客管理システムと連動する仕組みがなければ手作業で登録しなければならない。

　またセミナー終了後には，名刺からの追加情報やアンケート結果の入力なども発生する。企業によっては数千名ものセミナー参加者を登録するため，負荷の高い業務となっている。

【RPA導入の姿】

　ロボットはセミナーの申込サイトから顧客情報をダウンロードし，顧客管理システムに登録する。セミナー終了後，セミナー担当者は名刺やアンケートをOCRでデータ化する。なおアンケート用紙はOCRで読み込めるフォーマットにしておく。ロボットはデータを読み込み，顧客情報を追加，更新する。

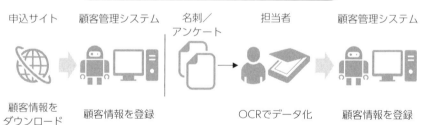

図表7-17　セミナー参加者の顧客情報登録

| 申込サイト | 顧客管理システム | 名刺／アンケート | 担当者 | 顧客管理システム |

| 顧客情報をダウンロード | 顧客情報を登録 | | OCRでデータ化 | 顧客情報を登録 |

【RPA導入の効果】

● 顧客情報の登録作業の負荷軽減，入力ミスの防止
● 登録の迅速化（翌朝から営業活動に活かせる）

（2）資料請求の顧客リスト作成

　保険，学校，住宅など詳しい説明が必要な商材では，資料請求を足掛かりに
販売活動をすることが多い。顧客はWebサイトから資料請求を行うが，サイ
トと社内システムが連動していない場合，人がサイトの管理画面から顧客デー
タをダウンロードし，自社の顧客管理システムへ登録したり，資料送付用に顧
客リストを作成したりする。

　また資料請求に対して，お礼メールを送ったり，一定期間後にフォローアッ
プのメールを送ったりする作業もあるが，このような単純作業はRPAで代替
することができる。

【RPA導入の姿】

　ロボットは自社の資料請求サイトから資料請求者（顧客）のデータをダウン
ロードし，顧客情報を顧客管理システムに登録する。顧客管理システムの代わ
りにExcelの顧客一覧表でも構わない。

　次にロボットは資料送付用の顧客リストを作成し，担当者へメールする。ま
た顧客に対しては，お礼メールやフォローアップメールを送付する。

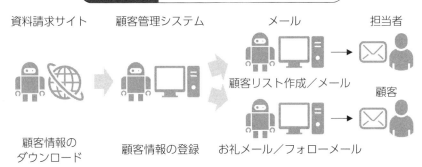

図表７−18　顧客情報登録／顧客リスト作成

| 資料請求サイト | 顧客管理システム | メール | 担当者 |

顧客リスト作成／メール

顧客

顧客情報の
ダウンロード　　顧客情報の登録　　お礼メール／フォローメール

【RPA導入の効果】

- 顧客情報のダウンロード，登録，リスト作成，メールなどの作業負荷の削減
- 請求受付や登録のミスやモレの防止，資料請求対応の迅速化

（3） グルメサイトのマネジメント

　飲食業界では，「ぐるなび」や「食べログ」をはじめとする「グルメサイト」を利用しているところが多い。大手グルメサイトは4～8社あるため，複数のサイトを活用することが一般的だ。したがって，キャンペーン情報や新メニュー情報などの更新では，それぞれのサイトに同じような情報を何度もアップロードしなければならない。

　また「口コミ」への対応も重要だ。良い口コミ投稿にはお礼の書き込みをし，ネガティブな口コミには迅速な対応が求められる。口コミ情報は良くも悪くも飲食店のアピールチャンスであり，担当者は膨大な時間を使ってグルメサイトを巡回している。

【RPA導入の姿】

　担当者はグルメサイトへアップロードする情報の基本ファイル（元データ）を作成する。ロボットは基本ファイルの情報をベースに，各グルメサイトの管理画面から登録，更新作業を行う。

　これとは別に，口コミ情報についても定期的に各サイトから新規投稿情報を収集し，担当者へ連絡する。

図表7－19　グルメサイトの管理

基本ファイル　　　　複数のグルメサイト　　　複数のグルメサイト　　　担当者

基本ファイルの作成　　情報の登録／更新　　　口コミ情報の収集

【RPA導入の効果】
- グルメサイトの登録／更新の負荷削減
- 口コミ投稿への迅速な対応

4．経理業務

（1）予算超過のアラートメール

　販売費や管理費などは予算で一定の枠が決められているが，予算超過に気づかずに決算を迎え，想定外の結果となる場合がある。本来であれば部門責任者が予実管理を行い，適切にコントロールすべきだが，決算間近になって予算超過に気がついても手遅れということになりかねない。

　企業によっては経理部門が月次のタイミングで予算超過をチェックし，担当部署に連絡しているところもある。しかし，これも作業負荷がかかるため，RPAで自動的にアラートメールを送る仕組みがあると便利である。

【RPA導入の姿】

　ロボットは月次処理後に予算管理システムへアクセスし，予算超過データを抽出する。Excelで予算管理を行っている場合は，そのExcel表からでもかまわない。ロボットは予算超過の部署に対してアラートメールを送信する。

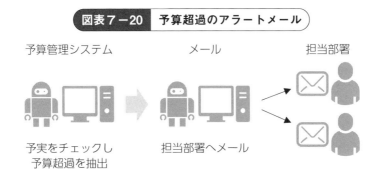

図表7－20　予算超過のアラートメール

予算管理システム　　　　　　　メール　　　　　　　　担当部署

予実をチェックし　　　　　担当部署へメール
予算超過を抽出

【RPA導入の効果】
- 予算超過チェック作業の削減（経理および部門責任者のチェック作業）
- 予算超過への早期対応

214

（2）月次の連結決算業務

　親会社の連結決算システムが自社の会計システムと連動していない場合，連結決算のデータ収集用のフォーマット，いわゆる「連結パッケージ」を手作業で作成しなければならない。

　連結パッケージの作成では，さまざまな社内ルールを加味する必要があり，また転記時のミスも起こりえるため，確認作業も含めて非常に手間がかかってしまう。

　システム間でインタフェースを組むなどシステム連携をすればいいが，それには相当の費用がかかるため，RPAで簡易的なシステム連携が代替手段となる。

【RPA導入の姿】

　ロボットは，自社の会計システムにログインし，連結決算に必要なデータをダウンロードする。連結パッケージに必要データを入力し，ファイルを親会社の連結決算システムへアップロードする。連結パッケージをメールで送るプロセスの場合は，ロボットによりメール送信する。

図表7－21　月次の連結決算業務

会計システム　　　　　　Excel　　　　　連結決算システム

必要データを抽出　　　連結パッケージの作成　　ファイルをアップロード

【RPA導入の効果】

● 連結パッケージ作成，データ確認，アップロード作業の負荷軽減
● ヒューマンエラーの防止
● 連結決算の早期化

（3）物件原価の集計

　特注機械や工事物件などは1つひとつの物件ごとに原価を集計し，物件単位で収支を把握する。物件にかかる人件費，材料費，外注費などを月次で集計するが，費用によってデータソースが異なるため，非常に煩雑で手間のかかる作業である。

　たとえば，人件費は勤怠管理システムからデータを取得し，材料費は請求書のデータを使う。また機械のような共有物は機械使用時間などの配賦基準をもとに各物件のコストを算出しなければならない。このような個別原価計算は，複数のシステムにまたがる作業のため，RPAによる自動化が適している。

【RPA導入の姿】

　ロボットは，勤怠管理システムから物件別の人件費をダウンロードし，会計システムから材料費や燃料費などの経費をダウンロードする。ほかの費用も各システムからダウンロードする。

　機械使用時間や配送回数など配賦基準となる集計データを取得し，費用科目ごとに物件別の費用を算出する。物件別の全費用を集計し，原価管理システムに入力する。

図表7−22　物件原価の集計

勤怠管理システム　　会計システム　　各種Excel表　　原価管理システム

社員人件費の
ダウンロード　　材料費，燃料費など
経費のダウンロード　　機械使用時間など
集計データの取得　　物件原価を算出／
データ入力

【RPA導入の効果】
- 原価集計，原価入力作業の削減，ヒューマンエラーの防止
- 収支管理の迅速化

５．人事総務業務

（１）給与明細書の配布

　給与明細書を紙で印刷し，封筒に入れて配布している企業は多いが，かなりの手作業が発生する。これをペーパーレス化してPDFの明細書をメールで配信することも可能だが，個人の秘匿情報であるため，ファイルには個別のパスワードをかけ，１人ひとりにメールしなければならない。

　このような単純な繰り返し業務はRPAにより大幅に改善することができる。

【RPA導入の姿】

　ロボットは給与システムにログインし，給与明細書をダウンロードする。Excelの社員データに記載されているパスワードを設定してPDF化する。同じく社員データに記載されているメールアドレス使い，給与明細書を各社員へメールする。

図表７－23　給与明細書のPDF化とメール

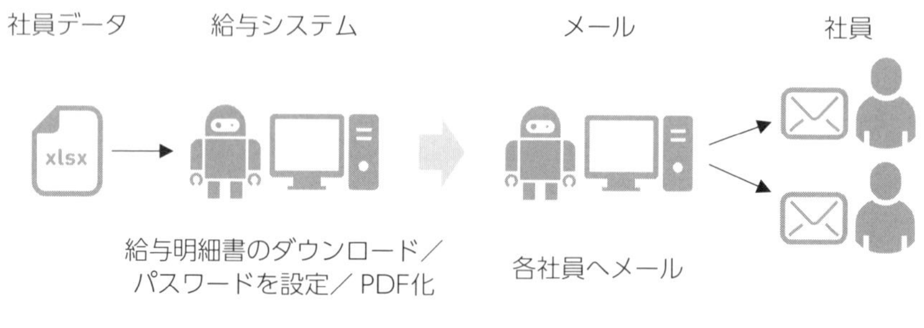

社員データ　　給与システム　　　　　メール　　　　　社員

給与明細書のダウンロード／パスワードを設定／PDF化　　各社員へメール

【RPA導入の効果】

- ●給与明細書のダウンロード，パスワード設定，PDF化，メール送信の作業負荷の削減
- ●メールの誤送信，遅配の防止

（2）社員データの一括更新

　社員情報は，勤怠管理システム，ワークフローシステム，給与システムなど，複数のシステムに散在しがちなデータである。入社や退社だけでなく，人事異動や昇進昇格などがあると，さまざまなシステムのマスタを更新しなければならない。

　ERPや統合基幹システムによりデータが一元化されていれば問題ないが，それぞれ互換性のない市販のアプリケーションを利用している場合は，同じデータの二重入力，三重入力は当たり前のように発生する。そこでロボットによって社員データを一括更新することにより，データの一元管理を疑似的に実現することができる。

【RPA導入の姿】

　新入社員の場合は，社員情報の申請書（Excel）を提出してもらい，人事担当者が社員番号や給与情報などのデータを付加し，社員情報ファイル（元データ）を作成する。既存社員は人事異動や昇給昇格のファイルをもとにロボットが社員情報ファイルの所属，給与，等級などを更新する。次にロボットが社員情報ファイルを読み込み，各アプリケーションのマスタを更新する。

図表7-24　社員データの一括更新

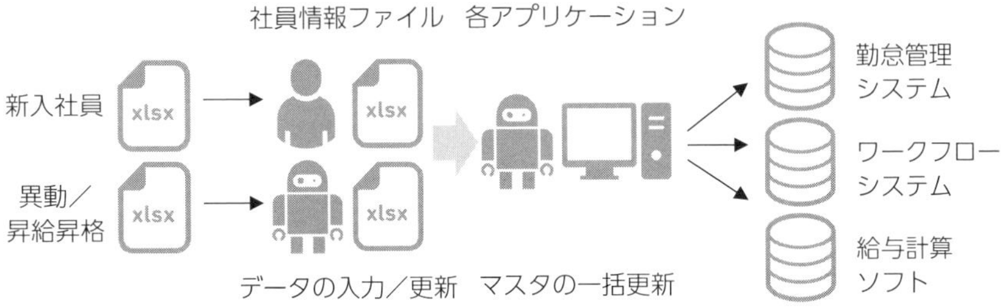

【RPA導入の効果】

- 二重入力，三重入力の削減，ヒューマンエラーの防止
- 社員情報ファイルを正としたデータの一元管理

（3）採用サイトと採用管理システムの連動

　採用業務では，外部のさまざまな媒体を通じて人材募集をするケースが増えている。人事担当者は採用サイトや求人媒体から応募が来るたびに，自社の採用管理システムに応募者のデータを手作業で登録しなければならない。また複数の採用サイトを利用している場合は，非常に煩雑な業務となり，ミスの原因にもなりやすい。

　応募者の情報はサイトからデータで取得できるため，ロボットによる転記により，効率化することができる。

【RPA導入の姿】

　ロボットは，複数の採用サイトから応募者情報をダウンロードし，自社の採用管理システムに登録する。採用条件にもとづいて1次スクリーニングを行い，人事担当者へメールで連絡をする。

　また面接においては，ロボットが履歴書や面接シートを面接官にメールし，面接前日にはリマインドメールを送る。

図表7−25　採用業務の自動化

【RPA導入の効果】

● 応募者情報の登録作業の削減，入力ミスの防止
● 採用プロセスの迅速化
● 面接官とのやり取りの効率化，連絡モレの防止

（4）通勤手当申請書の確認

　新しく社員が入社したり，社員が引っ越したりすると通勤手当を申請する。人事担当者は規定に照らし合わせて申請内容をチェックし，通勤手当の認定を行う。通常，通勤経路は最も安いルートを選択する必要があるため，社員の最寄り駅の特定や職場への最短ルートなどを，路線情報サイトを使って確認しなければならない。

【RPA導入の姿】

　ロボットは社員からの申請書をメールで受信し，地図アプリを利用して社員住所から最寄り駅を確認する。次に路線情報サイトを利用して，社員の最寄り駅と職場との最短ルートを確認し，申請内容の妥当性を判断する。

　妥当と判断された場合はロボットが給与システムに通勤手当を入力し，申請手続は完了する。妥当でないと判断された場合は人事担当者へメールで連絡し，担当者は人の目で申請内容をチェックし，問題があれば申請者へ再提出させるなどの対応をとる。

図表 7 － 26　通勤手当の確認

社員　　　地図アプリ／路線検索サイト　給与管理システム

OK

通勤手当を入力　　担当者

NG

通勤手当申請書　社員住所と最寄り駅の確認／　担当者へ連絡　人が対応
をメール　　　　最寄り駅と職場のルート確認

【RPA導入の効果】

- 申請内容の確認，システムの登録作業の軽減
- 新年度初頭の新入社員，人事異動にともなう作業ピークの平準化

（5）勤怠情報の代理入力

出向者や海外勤務者など社内の勤怠管理システムにアクセスできない社員がいる場合，人事担当者などが毎月代理入力しなければならない。

出向者や海外勤務者はExcelなどのフォーマットに勤怠情報を入力し，人事担当者へメールする。人事担当者は，Excel表をもとに勤怠管理システムへ手作業で入力する。

単純な転記作業である上，作業モレや入力ミスも起きる可能性があるため，ロボットに代行させるべき作業である。

【RPA導入の姿】

ロボットは出向者や海外勤務者から送られてくるExcelの勤怠情報を読み込み，勤怠管理システムへ入力する。Excelの入力結果一覧表へ入力完了あるいは入力エラーのマークを入れ，担当者へメールする。担当者は入力結果を確認し，入力エラーがあった場合は対応をとる。

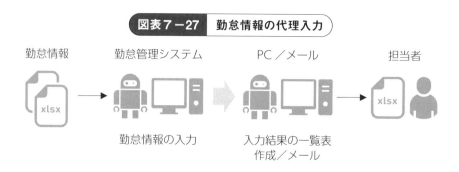

図表7−27　勤怠情報の代理入力

勤怠情報　勤怠管理システム　PC／メール　担当者

勤怠情報の入力　　入力結果の一覧表作成／メール

【RPA導入の効果】

● 勤怠情報の入力作業の削減
● 作業モレ，入力ミスの防止

（6）免許・資格更新のマネジメント

　免許や資格には更新手続が必要なものがある。たとえば運転免許証には有効期限があるが，運送業務や配達業務をともなう企業では更新管理をしっかり行う必要がある。

　免許の更新モレがあると業務に支障をきたすだけでなく，気づかずに無免許運転を起こすと，企業のリスクにもなりかねない。また運転免許以外にも宅地建物取引主任者や危険物等取扱責任者など更新が必要な資格は数多くあるため，企業としてリスクマネジメントの観点でも更新管理は重要となる。

　企業によってはExcel表などで免許や資格を一覧化し，期限間近になると担当者が本人へメールで連絡するなどの対応をとっているが，これも作業負荷がかかるため，RPAによる自動化が望ましい。

【RPA導入の姿】

　事前に更新が必要な免許・資格についてExcelなどの管理表を作成しておく。ロボットは定期的に更新期限間近の免許・資格をチェックし，該当社員にリマインドメールを送信する。

図表7－28　免許・資格の更新管理

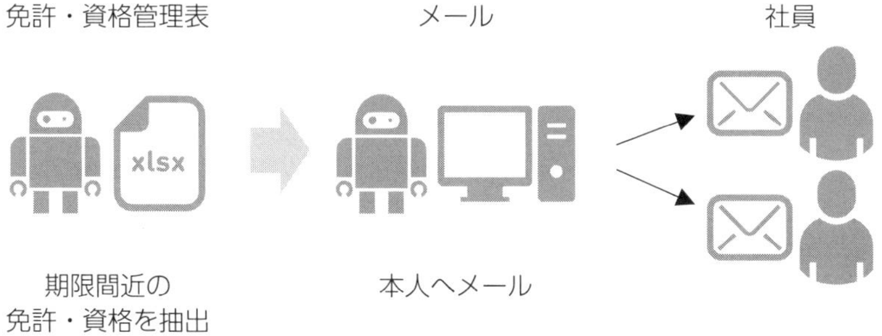

免許・資格管理表　　　　メール　　　　　　社員

期限間近の免許・資格を抽出　　　　本人へメール

【RPA導入の効果】
● 更新期限確認の作業負荷削減，チェックモレの防止
● 更新忘れによるトラブル防止，レピュテーションリスクの軽減

（7）福利厚生の利用状況チェック

　福利厚生の一環として外部の福利厚生サービスを利用している企業は多いが，社員がどれくらい利用しているかをチェックし，費用対効果の評価を行っている企業は少ない。

　福利厚生サービスには，さまざまな料金プランやサービスメニューが用意されているが，社員の利用状況によっては無駄なコストになっている可能性もある。また利用内容の偏りによってはサービスの見直しを行うなど，より良い福利厚生への見直しが必要となる。サービスの利用状況は季節性が高いため，本来は月次レベルで定点観測を行うことが望ましい。

【RPA導入の姿】

　ロボットは，定期的に福利厚生のサービスサイトへアクセスし，利用データのCSVファイルをダウンロードする。Excelに転記，集計し，利用状況とサービスコストのレポートを作成する。福利厚生の担当者や経営陣へレポートをメールする。

図表７－29　福利厚生の利用状況チェック

| 福利厚生のサービスサイト | Excel | メール | 担当者／経営陣 |

利用データのCSV
ファイルをダウンロード　　データの集計／
レポート作成　　レポートを
関係者へメール

【RPA導入の効果】

● 利用状況の確認作業，レポートの作成作業の削減
● 福利厚生サービスの費用対効果の向上
● 福利厚生に対する社員満足度の向上

（8）外国籍社員の資格管理

　外国籍の社員を雇用している企業では，在留資格と就労ビザの期限を会社として管理している。

　資格を有していない社員が所属していると行政から指導を受け，期限切れで無資格が発覚すると当人は急遽帰国となり，業務に大きな支障が生じてしまう。そのためリスクマネジメントの一環として資格管理を行い，更新時期が間近な社員には通知をし，更新モレなどの防止に努めている。

　多くの外国籍社員を雇用している企業では管理作業の負担が大きく，2種類の資格を混同してミスも起こしやすい。ミスやモレの許されない業務という意味では，ロボットが機械的に処理する方法が適している。

【RPA導入の姿】

　ロボットは，人事システムにログインし，資格情報をダウンロードする。更新間近の資格をチェックし，該当する外国籍社員を特定する。ロボットは要件をまとめた文書を作成し，当人へリマインドメールを送る。

図表7-30　外国籍社員の資格管理

人事システム　　　　　　　　メール　　　　　　　　外国籍社員

資格情報を取得　　　　　更新間近の資格を確認し
　　　　　　　　　　　　　社員へメール

【RPA導入の効果】
- 資格期限の確認，メール連絡の作業負荷削減
- 確認ミス，連絡ミスの防止

６．品質管理

（１）原材料の安全性確認

　食品や化粧品では，使用されている原材料の安全性を確認する必要がある。商品１つあたり数十種類もの原材料が使われており，それらを複数のデータベースから１つひとつチェックしなければならない。

　また安全性の評価はミスや見落としが許されず，安全性を担保するために何重にも確認する必要があり，非常に手間と時間がかかる作業となっている。

【RPA導入の姿】

　担当者は事前に対象商品の原材料名をリストアップする。ロボットは国内外の公的なデータベースから各原材料の安全性データをダウンロードし，社内データベースに登録する。担当者は社内データベースに登録された内容をもとに安全性の評価を行う。

図表７－31　原材料の安全性確認

担当者　　　　公的なデータベース　　　社内データベース　　　　担当者

原材料名の　　　安全性データの　　　　データベース　　　　安全性の
リストアップ　　ダウンロード　　　　　への登録　　　　　　評価

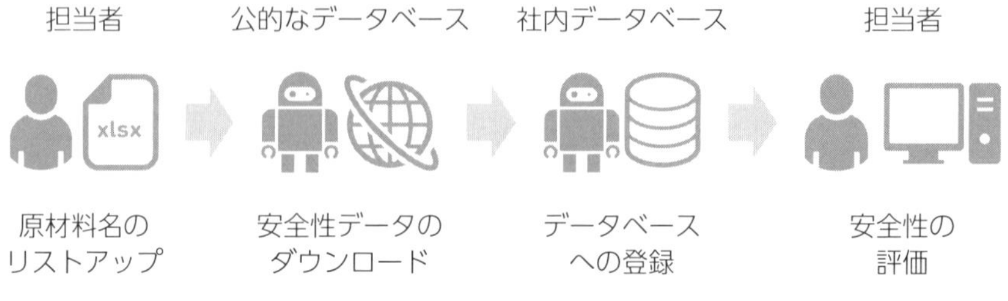

【RPA導入の効果】
- データ収集作業，確認作業の軽減
- 登録ミス，見落としの防止，安全性の向上
- 安全性評価プロセスの迅速化

（2）OCRによる商品パッケージ表記の確認

　新商品の商品パッケージ（外箱）を印刷する際，その成分表示などに間違いがないかを確認しなければならない。商品パッケージには，市販薬では「効能・効果」，「成分・分量」など，食品では「原材料名」，「アレルギー表示」などが表記されている。

　これらの表記に万一間違いがあると，大量の商品回収とパッケージ改修が発生する。また誤表記が原因で事故が発生すると，損害賠償や業務停止に発展するリスクもある。

【RPA導入の姿】

　工場の担当者は商品パッケージのサンプルを写真に撮り，管理部へメールで送る。管理部は写真をOCRで読み取り，データ化する。

　ロボットはデータ化されたサンプルの表記内容と元のデータを比較し，一致しているかどうかを確認する。確認結果は工場担当者へメールで連絡する。

図表7－32　商品パッケージ表記の確認

工場担当者	管理部	PC／メール	工場担当者
表記を写真に撮り管理部へメール	写真をOCRで読み取りデータ化	元データとの一致を確認	確認結果をメールで連絡

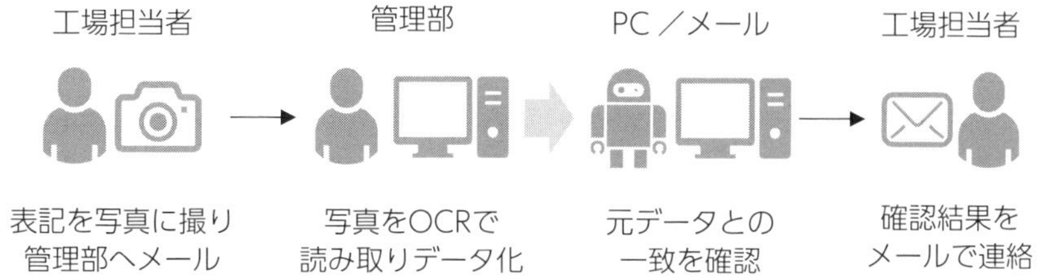

【RPA導入の効果】

● ヒューマンエラーの防止，誤表記によるインシデントの防止
● 確認作業の負荷軽減
● 二重チェック，三重チェックの削減

7．情報システム

（1）ウイルス検知情報の連絡

　ウイルス検知情報のメールを担当者が受け取ると，対象のソフトウェアやハードウェアを利用している社員に連絡をしなければならない。担当者は固定資産管理台帳で利用者を特定し，ウイルス検知情報の内容を記載して連絡する。

　ウイルス検知メールはいつ来るかわからず，しかも迅速な対応が必要となるため，担当者からすると業務の中断を余儀なくされる煩雑な作業だ。また夜間や休日に発生する場合もあり，対応が間に合わないリスクもある。

【RPA導入の姿】

　ロボットはウイルス検知情報のメール受信を感知すると，まずメールに記載されている資産番号をキーに固定資産管理台帳を検索して関係者を特定する。次にウイルス情報の内容をメールにまとめ，関係者へ連絡する。

図表7－33　ウイルス検知情報の連絡

【RPA導入の効果】
- 関係者の特定，メール連絡作業の削減
- 対応の迅速化，24時間365日対応の実現

（2）情報システムの一括セットアップ

　新しい社員が入社すると，情報システム関連でさまざまな作業が発生する。まずメールやスケジューラーなどのグループウェアのためにアカウント発行や権限設定が必要となり，アドレス帳やメーリングリストへの登録もある。また業務アプリケーションを使う場合には，それぞれのシステムにユーザー登録をしなければならない。

　それ以外にも入退室管理システムのID発行，社内ネットワークの設定，パソコンやスマホのアクセス権設定など，多くの作業が必要となる。特に，年度初めの新入社員が多い時期には，情報システム担当者の作業負荷がピークに達する。

【RPA導入の姿】

　情報システム担当者は社員データ一覧（システム設定に必要な全パラメータ）のExcelファイルを準備しておく。ロボットは社員データにもとづいて各種システムの設定をすべて行う。設定が完了すると，ユーザー登録情報と初期設定ガイドを社員本人へメールする。

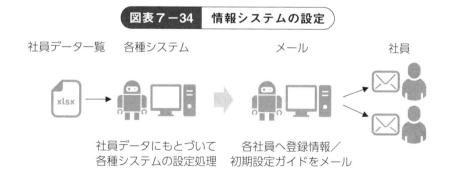

図表7-34　情報システムの設定

社員データ一覧　　各種システム　　　　　　メール　　　　　　社員

社員データにもとづいて　　　各社員へ登録情報／
各種システムの設定処理　　　初期設定ガイドをメール

【RPA導入の効果】
- システム設定作業の削減，迅速化
- 年度初めの大量業務のオフピーク化

（3）システムへの入力不備チェック

システムへの入力では「ローカルルール」によって入力不備が発生することがある。ローカルルールとは、「○○の場合には、ここに△△を入力する」といったような会社あるいは部門で独自に決めているルールのことで、システムによるチェックが効かないものだ。

本来であれば入力不備はシステムでチェックすればよいが、システムが古かったり、市販のアプリケーションでカスタマイズができなかったりする場合は、ローカルルールで対応することがある。しかし、システム的なチェックが効かないため、入力ミスが発生してしまう。

RPAならば、システムに修正を加えずに、人と同じように入力不備のチェックを行うことができる。

【RPA導入の姿】

担当者がシステム登録を完了すると、ロボットはExcelにまとめられたローカルルールにもとづいて登録内容の不備をチェックする。不備が発見された場合は、ロボットがメールに不備内容を記載し、担当者へメールする。

図表7−35 システムの入力不備のチェック

担当者　アプリケーション　メール　担当者

システムに登録　ローカルルールの不備をチェック　不備が発見された場合は担当者へ連絡

【RPA導入の効果】
● 入力不備による手戻りの防止、業務品質の向上
● システム改修コストの抑制

（4）業務効率化プロジェクトの進捗管理

　RPAによる業務効率化プロジェクトでは，定例会議などで進捗管理を行うことが一般的である。改善活動が全社展開している場合は，各部門から進捗状況の情報をあげてもらい，事務局がレポートにまとめる作業をする。

　進捗管理におけるレポート作成は基本的にルーチンワークであり，期間も継続的改善のフェーズも含めると数年かかるため，ロボットへ代替することにより効率化することができる。

【RPA導入の姿】

　各部門の担当者は，プロジェクトの進捗状況を定形のExcelフォーマットに記載し，事務局の専用アドレスへメールする。ロボットは送られてきた進捗情報を集計し，全社で共有するためのレポートを作成する。また提出されていない部門へはリマインドのメールを送る。全社用レポートができあがると関係者へ一斉にメールする。

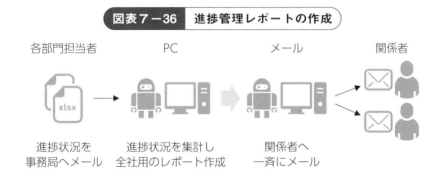

図表7-36　進捗管理レポートの作成

各部門担当者　　　　　PC　　　　　　　メール　　　　　関係者

進捗状況を　　　　進捗状況を集計し　　　関係者へ
事務局へメール　　全社用のレポート作成　一斉にメール

【RPA導入の効果】

- データ収集，レポート作成の作業削減
- 未提出者の確認，リマインドメールの作業削減
- レポート共有の迅速化

〈著者紹介〉

芳野　剛史（よしの　つよし）
グッドフィールドコンサルティング代表。
米ペース大学経営大学院 修士課程修了（MBA）。

PwCコンサルティング戦略グループディレクター，デロイトトーマツコンサル
ティング執行役員パートナーを経て現職。
経営戦略，経営管理，予算管理，海外進出，業務改善等の戦略／ビジネスコンサ
ルティングに20年以上にわたり従事。現在は独立し，コンサルティング活動を続
けている。
著書に『不況を勝ち抜く予算管理ガイドブック』，『海外進出のためのフィージビ
リティスタディ』，『実践Q&A予算管理のはなし』（いずれも中央経済社刊）など。
E-Mail：yoshino@goodfield.main.jp

定型業務を効率化する　実践RPAガイドブック

2022年6月25日　第1版第1刷発行

著　者　芳　野　剛　史
発行者　山　本　　　継
発行所　㈱中央経済社
発売元　㈱中央経済グループ
　　　　パブリッシング

〒101-0051　東京都千代田区神田神保町1-31-2
電話　03 (3293) 3371(編集代表)
　　　03 (3293) 3381(営業代表)
https://www.chuokeizai.co.jp
印　刷／㈱堀内印刷所
製　本／㈲井上製本所

© 2022
Printed in Japan

＊頁の「欠落」や「順序違い」などがありましたらお取り替えいた
しますので発売元までご送付ください。（送料小社負担）
ISBN978-4-502-43181-4　C3034